gestão de segurança empresarial

EDITORA intersaberes

O selo DIALÓGICA da Editora InterSaberes faz referência às publicações que privilegiam uma linguagem na qual o autor dialoga com o leitor por meio de recursos textuais e visuais, o que torna o conteúdo muito mais dinâmico. São livros que criam um ambiente de interação com o leitor – seu universo cultural, social e de elaboração de conhecimentos –, possibilitando um real processo de interlocução para que a comunicação se efetive.

gestão de segurança empresarial

Silvia de L. Hilst Wolaniuk
Silvio de Mattos Hilst

EDITORA intersaberes

Rua Clara Vendramin, 58
Mossunguê . CEP 81200-170
Curitiba . PR . Brasil
Fone: (41) 2106-4170
www.intersaberes.com
editora@editoraintersaberes.com.br

- **Conselho editorial**
  Dr. Ivo José Both (presidente)
  Drª. Elena Godoy
  Dr. Nelson Luís Dias
  Dr. Neri dos Santos
  Dr. Ulf Gregor Baranow

- **Editora-chefe**
  Lindsay Azambuja

- **Supervisora editorial**
  Ariadne Nunes Wenger

- **Analista editorial**
  Ariel Martins

- **Preparação de originais**
  Gilberto Girardello Filho

- **Edição de texto**
  Floresval Nunes Moreira Junior
  Tiago Krelling Marinaska

- **Projeto gráfico**
  Raphael Bernadelli

- **Capa**
  Luana Machado Amaro (*design*)

- **Diagramação**
  Conduta Design

- **Equipe de *design***
  Mayra Yoshizawa
  Sílvio Gabriel Spannenberg

- **Iconografia**
  Celia Kikue Suzuki
  Regina Claudia Cruz Prestes

Dados Internacionais de Catalogação na Publicação (CIP)
(Câmara Brasileira do Livro, SP, Brasil)

Wolaniuk, Silvia de L. Hilst
  Gestão de segurança empresarial/Silvia de L. Hilst Wolaniuk, Silvio de Mattos Hilst. Curitiba: InterSaberes, 2018.

  Bibliografia.
  ISBN 978-85-5972-744-9

  1. Administração 2. Empresa – Medidas de segurança 3. Empresa – Medidas de segurança – Manuais 4. Risco – Administração I. Hilst, Silvio de Mattos. II. Título.

  18-15176   CDD-658.47

Índices para catálogo sistemático:
  1. Gestão de segurança empresarial: Administração de empresa 658.47

Maria Alice Ferreira – Bibliotecária – CRB-8/7964

1ª edição, 2018.

Foi feito o depósito legal.

Informamos que é de inteira responsabilidade dos autores a emissão de conceitos.

Nenhuma parte desta publicação poderá ser reproduzida por qualquer meio ou forma sem a prévia autorização da Editora InterSaberes.

A violação dos direitos autorais é crime estabelecido na Lei n. 9.610/1998 e punido pelo art. 184 do Código Penal.

apresentação 9

como aproveitar ao máximo este livro 13

Capítulo 1 **O gestor de segurança - 17**
1.1 O papel do gestor - 18
1.2 Perfil profissiográfico - 20
1.3 A atividade de consultoria - 29

Capítulo 2 **Segurança empresarial - 41**
2.1 Grau de eficiência, importância e nível da segurança empresarial - 43
2.2 Princípios básicos - 44
2.3 Itens essenciais - 46
2.4 Segurança orgânica - 54
2.5 Segurança terceirizada - 58

sumário

Capítulo 3   **Departamento de segurança orgânica - 69**

- 3.1 Noções de departamentalização - 71
- 3.2 Missão, visão e valores - 75
- 3.3 Organização do departamento de segurança - 76
- 3.4 Organograma do departamento de segurança - 82
- 3.5 Central de segurança - 86

Capítulo 4   **Gerenciamento e controle de riscos - 91**

- 4.1 Classificação dos riscos - 92
- 4.2 Etapas - 93
- 4.3 Gerenciamento de crises - 100

Capítulo 5   **Planejamento estratégico - 109**

- 5.1 Definições e generalidades - 111
- 5.2 Princípios - 115
- 5.3 Metodologia e processo - 118
- 5.4 Avaliação da conjuntura - 122

Capítulo 6   **Plano de segurança - 129**

- 6.1 Conceitos e generalidades - 131
- 6.2 Normas para a redação de documentos de segurança - 133

6.3 Segurança das instalações - 135
6.4 Contrainteligência - 140
6.5 Gerenciamento da equipe de segurança - 144

para concluir... 159

referências 161

apêndice – Exemplo de plano de segurança das instalações (simplificado) 169

anexo 1 – Exemplo de *checklist* para a elaboração de um diagnóstico de segurança 175

anexo 2 – Exemplo de organização de um departamento de segurança patrimonial 179

respostas 185

sobre os autores 189

Parte dos estudiosos das organizações, ante a escalada da violência e da criminalidade ocorrida no decorrer do tempo, passou a dedicar mais cuidado e mais atenção à questão da segurança.

A necessidade de sistematização da segurança empresarial ou organizacional já fora destacada em 1916 por Jules Henri Fayol (2007), fundador da teoria clássica da administração, no livro *Administration industrielle et générale: prévoyance, organisation, commandement, coordination, contrôle* (traduzido em português como *Administração industrial e geral*). Nessa obra, o autor cita, entre as funções essenciais dentro da empresa, a "função de segurança", entendendo que o setor de recursos humanos é o responsável pela segurança dos ambientes interno e externo da organização.

Desde então, diante da sua relevância, a normatização da segurança organizacional em territórios privados passou paulatinamente a se fazer presente no corpo legislativo de diversos países.

No Brasil, as atividades de segurança privada são consideradas pela legislação complementares às atividades de segurança pública e são reguladas, autorizadas e fiscalizadas pelo Departamento de Polícia Federal (DPF).

O surgimento oficial dos serviços de segurança privada e de sua obrigatoriedade se deu sob o comando legal do Poder Público, estabelecido no dia 21 de outubro de 1969, com o Decreto-Lei n. 1.034, tendo em vista a necessidade de segurança das instituições financeiras. A partir disso, os bancos passaram a contratar serviços de segurança ou estabelecer os seus próprios serviços, dando início à chamada *segurança orgânica*.

Após a expedição do mencionado decreto, as empresas de segurança privada passaram a se expandir para além das instituições financeiras, começando a suprir demandas oriundas tanto de outras instituições privadas quanto individuais, como também de instituições públicas.

Atualmente, a segurança privada está autorizada a abranger sete áreas distintas, conforme a regulamentação brasileira que se encontra na Lei n. 7.102, de 20 de junho de 1983, e nos Decretos n. 89.056, de 24 de novembro de 1983, e n. 1.592, de 10 de agosto de 1995, complementados por decretos e portarias específicas expedidos pelo DPF.

Esse cenário de expansão mercadológica demanda continuamente o aumento da qualidade e da eficiência na prestação de serviços de segurança, abrindo diversos nichos de trabalho para os chamados *gestores de segurança*, dentre os quais se destaca o de gestão operacional de segurança.

Nas palavras de Nino Ricardo Meireles (2011, p. 55), gestão da segurança é a parte da gestão de uma organização que se baseia

> *na abordagem de riscos do negócio, para estabelecer, implementar, operar, monitorar, analisar criticamente, manter e melhorar a segurança empresarial. A gestão inclui estrutura organizacional, políticas, atividades de planejamento, responsabilidades, práticas, procedimentos, processos e recursos.*

Assim, podemos perceber que a gestão abrange tanto facetas administrativas quanto operacionais. *Operacional* é um adjetivo concernente à operação e se presta a qualificar algo que está pronto para funcionar, ou seja, que está em condições de operar ou realizar operações. O termo também pode dizer respeito às operações militares e ao aspecto estritamente militar da estratégia, expondo algum aparato pronto a ser utilizado no contexto de uma ação dessa natureza.

Assim, a **gestão de segurança operacional**, especificamente, diz respeito ao funcionamento prático da segurança empresarial, principalmente no tocante à segurança patrimonial, com ênfase em sua orientação e coordenação, por meio de ferramentas como gerenciamento e prevenção de riscos, planejamento estratégico, elaboração de plano de segurança, organização do departamento de segurança e gerenciamento de equipes. Relaciona-se, assim, à supervisão e ao gerenciamento de um sistema que deve estar pronto para responder rapidamente a riscos, perigos e ameaças.

Diferentemente dos profissionais com perfil operacional, que, dentro da empresa, podem executar um vasto número de tarefas, normalmente de natureza técnica, em cargos que, via de regra, são recomendados para profissionais sem formação superior, a gestão de segurança operacional demanda o perfil de um profissional mais completo, com formação superior e qualificação comprovada.

Nesse sentido, com este livro, objetivamos dotar o leitor de conhecimentos fundamentais indispensáveis para sua formação e posterior atuação no mercado, a fim de que domine as capacidades necessárias para desenvolver, especialmente no ambiente empresarial, todas as competências demandadas, de forma consciente e bem-sucedida, garantindo uma gestão de segurança operacional adequada e eficiente.

Para tanto, a obra foi dividida, por opção didática, em seis capítulos, para permitir ao aluno que adquira um conhecimento gradual e linear acerca dos conteúdos abordados.

No Capítulo 1, tratamos, essencialmente, do papel do gestor de segurança no contexto da segurança privada.

No Capítulo 2, abordamos o tema da segurança empresarial, apresentando seus princípios básicos, o grau de eficiência, importância e nível, bem como seus itens essenciais. Esse capítulo também traz generalidades acerca da segurança orgânica e da segurança terceirizada.

No Capítulo 3, apresentamos o departamento de segurança orgânica, trazendo noções de departamentalização, missão, visão e valores, forma de organização, organograma típico e arquitetura da central de segurança.

No Capítulo 4, analisamos o gerenciamento e o controle de riscos com base em suas definições, na classificação de riscos e em suas etapas, e ainda debateremos a questão do gerenciamento de crise.

No Capítulo 5, dedicamo-nos à abordagem do chamado *planejamento estratégico*, no qual apresentaremos as definições e generalidades, os princípios, processos, as metodologia e formas de avaliação da conjuntura ou de cenário.

Por fim, no Capítulo 6, debatemos especificamente o plano de segurança, com ênfase na segurança patrimonial, abarcando o estudo das medidas de segurança, da segurança das instalações, da contrainteligência e do gerenciamento de equipe de segurança, trazendo abordagens sobre o agente de segurança, a organização da equipe, instrução, treinamento e supervisão dos agentes, tudo sob a perspectiva da gestão estratégica de pessoas.

Ao final de cada capítulo, há uma breve **síntese** da matéria estudada, **atividades**, presentes nas seções "Questões para revisão" e "Questões para reflexão", além de **indicações de leitura**, para serem consultadas por aqueles que desejarem se aprofundar mais sobre os temas trabalhados. A resolução das questões sugeridas, bem como a reflexão posterior acerca dos conteúdos apresentados, também proporcionará a você uma melhor assimilação e fixação dos conteúdos estudados. Boa leitura!

Este livro traz alguns recursos que visam enriquecer o seu aprendizado, facilitar a compreensão dos conteúdos e tornar a leitura mais dinâmica. São ferramentas projetadas de acordo com a natureza dos temas que vamos examinar. Veja a seguir como esses recursos se encontram distribuídos no decorrer desta obra.

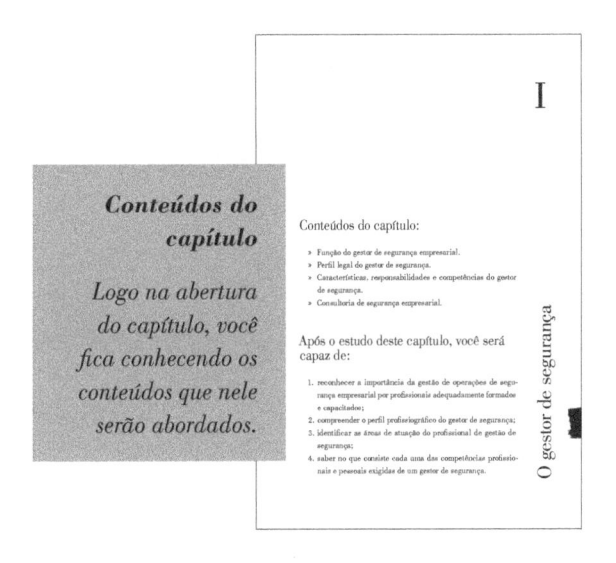

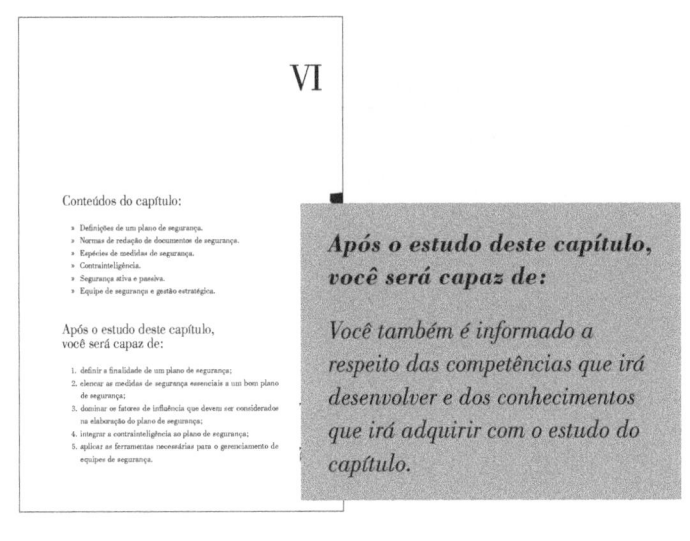

Conteúdos do capítulo

Logo na abertura do capítulo, você fica conhecendo os conteúdos que nele serão abordados.

Após o estudo deste capítulo, você será capaz de:

Você também é informado a respeito das competências que irá desenvolver e dos conhecimentos que irá adquirir com o estudo do capítulo.

como aproveitar ao máximo este livro

Síntese

Você dispõe, ao final do capítulo, de uma síntese que traz os principais conceitos nele abordados.

Questões para revisão

Com essas atividades, você tem a possibilidade de rever os principais conceitos analisados. Ao final do livro, os autores disponibilizam as respostas às questões, a fim de que você possa verificar como está sua aprendizagem.

Questões para reflexão

1) O plano de segurança pode ser sempre caracterizado como um plano operacional? Por quê?
2) De que maneira a gestão estratégica de pessoas pode colaborar para o melhor desenvolvimento das atividades de segurança pela equipe?

Para saber mais

Aos leitores interessados em aprofundar os estudos sobre plano de segurança, departamentalização e organização da empresa, recomendamos as seguintes leituras:
DANTAS FILHO, D. **Segurança e planejamento**. Rio de Janeiro: Ciência Moderna, 2004.
SOARES, P. L. **Organização, planejamento e administração de segurança empresarial**. Disponível em: <http://calameo.download/0051175175af0d9077331>. Acesso em: 25 abr. 2018.

Questões para reflexão

Nessa seção, a proposta é levá-lo a refletir criticamente sobre alguns assuntos e trocar ideias e experiências com seus pares.

6) As alternativas a seguir correspondem a consequências do estabelecimento de uma estrutura organizacional adequada, **exceto**:
   a. Responsabilidades.
   b. Lideranças.
   c. Motivações.
   d. Organização de funções, informações e recursos.
   e. Ambiente estritamente formal.

Questão para reflexão

1) De que maneiras o gestor de segurança operacional pode aumentar a eficácia e a eficiência do departamento de segurança por meio das ferramentas apresentadas no presente capítulo?

Para saber mais

Caso queira se aprofundar os estudos sobre departamentalização e organização da empresa, recomendamos a leitura da seguinte obra:
CHIAVENATO, I. **Introdução à teoria geral da administração**: uma visão abrangente da moderna administração das organizações. 7. ed. rev. e atual. Rio de Janeiro: Elsevier, 2003.
Sobre o departamento de segurança *per se*, indicamos a seguinte leitura:
SOARES, P. L. **Organização, planejamento e administração de segurança empresarial**. Disponível em: <http://calameo.download/0051175175af0d9077331>. Acesso em: 25 abr. 2018.

Para saber mais
Você pode consultar as obras indicadas nesta seção para aprofundar sua aprendizagem.

I

O gestor de segurança

Conteúdos do capítulo:

» Função do gestor de segurança empresarial.
» Perfil legal do gestor de segurança.
» Características, responsabilidades e competências do gestor de segurança.
» Consultoria de segurança empresarial.

Após o estudo deste capítulo, você será capaz de:

1. reconhecer a importância da gestão de operações de segurança empresarial por profissionais adequadamente formados e capacitados;
2. compreender o perfil profissiográfico do gestor de segurança;
3. identificar as áreas de atuação do profissional de gestão de segurança;
4. saber no que consiste cada uma das competências profissionais e pessoais exigidas de um gestor de segurança.

O gestor de segurança é o profissional que detém tanto os conhecimentos teóricos quanto práticos necessários ao bom planejamento e desempenho das atividades de segurança, conforme os interesses da empresa ou instituição em que atua. É o responsável pela organização, coordenação e supervisão das atividades e operações de segurança.

De acordo com José Sérgio Marcondes (2015), a administração dos recursos disponíveis na organização – humanos, financeiros, tecnológicos, materiais e de informação – representa o principal desafio do gestor de segurança.

Assim sendo, neste capítulo, aprofundaremos o estudo acerca do papel desenvolvido por esse profissional, analisando seu perfil profissiográfico, conhecendo suas características, responsabilidades, competências e nichos de atuação.

1.1 O papel do gestor

Atualmente, na esfera empresarial, fatores como complexidades, incertezas, ameaças e riscos potenciais ou iminentes se fazem mais presentes do que nunca. O cenário mercadológico passou a demandar profissionais cada vez mais capacitados para trabalhar nas várias áreas de negócios. O quesito *segurança*, então, desponta como fundamental quando se trata de manutenção e crescimento das empresas. E o sucesso destas dependerá, essencialmente, do pessoal envolvido, ou seja, dos mais variados profissionais que compõem o seu quadro.

Assim, no que diz respeito especificamente à segurança, também não há mais espaço para o empirismo, uma vez que se trata de uma área estratégica que, em razão de sua complexidade, demanda a atuação de profissionais cada vez mais qualificados e aptos para a execução das atividades. Nesse contexto, consolidou-se a importância do profissional responsável pelo departamento de segurança nas empresas públicas ou privadas: o gestor de segurança.

O gestor de segurança pode ser o encarregado de gerenciar as atividades de segurança privada, tais como: segurança patrimonial; transportes de valores; escolta armada; segurança pessoal; segurança eletrônica; sindicância interna; segurança da informação; segurança contra incêndio; segurança na logística etc. Esse profissional deve, imperiosamente, inter-relacionar-se com as outras áreas da empresa e órgãos externos públicos e privados. Para tanto, é preciso demonstrar uma potencialidade positiva que, via de regra, é representada pelas forças resultantes das estratégias aplicadas com vistas ao alto desempenho.

Gerir um departamento de segurança ou atuar nas diversas áreas desse segmento é uma tarefa altamente complexa. É necessário que o profissional detenha o domínio de diversas áreas do conhecimento, como: economia; gestão de pessoas; contabilidade; comunicação; direito trabalhista; direito penal; *marketing*; estatística; administração; logística; qualidade, entre outros. Sobretudo, ele precisa compreender a conjuntura que envolve o processo de segurança na gestão de uma empresa.

Por isso, a escolha de um profissional com formação específica é tão imprescindível, pois, conforme observa Teanes Carlos Santos Silva (2009), dele será exigido que seja "um agente multiplicador da cultura de prevenção e também um usuário dos conceitos e terminologias adotadas em normas técnicas e nas melhores práticas de gestão utilizadas pelo mercado em busca da sustentabilidade, preservação do meio ambiente e excelência", devendo-se levar em conta sua formação e suas capacidades, sob pena de a gerência ser conduzida por pseudogestores.

1.2 Perfil profissiográfico

A profissão de gestor em segurança está reconhecida na terceira edição do Código Brasileiro de Ocupação* (CBO), publicada em 2010 pelo Ministério do Trabalho e Emprego (MTE) (Brasil, 2010a). Além de classificar a ocupação, o documento ainda traz alguns aspectos concernentes ao perfil profissiográfico do gestor em segurança, os quais estão classificados nos subcapítulos a seguir.

1.2.1 Características e responsabilidades

Com base na terceira edição do CBO (Brasil, 2010a), apresentamos, a seguir, as características e responsabilidades do gestor em segurança.

■ Área de atuação

Estão aptos a ocupar o cargo de gestor em segurança os profissionais da administração dos serviços de segurança.

■ Títulos

"Gerente de segurança empresarial; Tecnólogo em gestão de segurança empresarial; Tecnólogo em gestão de segurança privada" (Brasil, 2010a, p. 361).

---

* O CBO é o documento que "reconhece, nomeia e codifica os títulos e descreve as características das ocupações do mercado de trabalho brasileiro. Sua atualização e modernização se devem às profundas mudanças ocorridas no cenário cultural, econômico e social do País nos últimos anos, implicando alterações estruturais no mercado de trabalho" (Brasil, 2018).

■ Descrição sumária

O gestor em segurança é responsável por: gerenciar atividades de segurança geral; desenvolver planos e políticas de segurança; proceder a análises de riscos; recorrer a medidas que permitam proteger e salvar vidas e o patrimônio da empresa; restaurar a empresa à normalidade, quando necessário; administrar equipes; coordenar serviços de inteligência empresarial; prestar consultoria e assessoria (Brasil, 2010a).

■ Condições gerais de exercício

Para o exercício da função de gestor em segurança, os profissionais podem atuar tanto em empresas privadas como em organizações públicas, além de atividades industriais, comerciais e de serviços em geral. Podem trabalhar com carteira assinada ou por conta própria (como trabalhadores autônomos). Ainda, "trabalham em equipe, com supervisão ocasional, em ambientes fechados e horários irregulares. O trabalho pode ser exercido de forma presencial ou a distância" (Brasil, 2010a, p. 361).

■ Formação e experiência

Para o exercício da atividade de gestor em segurança, "é necessário graduação tecnológica em segurança privada ou curso superior, em outra área mais curso de especialização em segurança" (Brasil, 2010a, p. 361). A experiência profissional pode ser de menos de um ano.

1.2.2 Competências profissionais

Conforme observado por Guedes (2017), o profissional pode planejar, gerenciar e executar políticas públicas de segurança, bem como elaborar, planejar, gerenciar e executar estratégias de segurança para empresas privadas. Deve, portanto, "conhecer as diversidades regionais, sociais, econômicas, culturais e a política da área de segurança existente no país" (Guedes, 2017). Por fim, é importante que conheça os direitos humanos, a Constituição brasileira e tenha referências éticas sólidas (Guedes, 2017).

A forma como essas competências podem ser desenvolvidas serão abordadas nos itens a seguir.

▪ Gerenciamento de atividades de segurança: elaboração de planos e análise de riscos

Conforme vimos, as atividades de segurança englobam diversas funções, as quais, de acordo com Ademilson Campos Guedes (2017), estão atreladas a: segurança patrimonial; transporte de valores; escolta armada; segurança pessoal; segurança eletrônica; condução de sindicância interna; participação de atividades de segurança da informação; interação com as outras áreas da empresa e órgãos externos; elaboração de projetos e políticas de segurança, normas e procedimentos, além de desenvolvimento de planejamento estratégico e de plano tático.

Por sua vez, a elaboração de planos de segurança presume a existência de diversos aspectos, quais sejam:

» **Um plano operacional**: sua principal finalidade é permitir a identificação de condições, situações ou pessoas que consistam em potenciais criadores de ameaças para, dessa forma, viabilizar a construção de ferramentas que inibam e previnam contra incidentes de segurança, como: disseminação de instruções e da cultura de segurança; implementação de metodologias e políticas de segurança; estabelecimento de especificações de ferramentas e equipamentos de segurança; análise de riscos, entre outras.

» **Um plano de emergência**: a doutrina, de maneira geral, entende que pelo plano de emergência é possível definir a probabilidade da ocorrência de sinistros nos diversos ambientes da empresa e, por meio da consideração dos cenários possíveis, estabelecer as diretrizes e normas de conduta a fim de contornar os riscos verificados. Assim sendo, esse plano tem o escopo de organizar, de antemão, os procedimentos de socorro e evacuação eventualmente necessários para cada tipo de ocorrência danosa, bem como determinar a competência de ação de cada um dos membros da equipe de ação e sua responsabilidade, com o objetivo de promover um esforço racional e eficiente da força de trabalho, para neutralizar ou, ao menos, minimizar as consequências de evento danoso, como erros, tumultos e trabalho duplicado. Isso passa necessariamente pelo estabelecimento de rotinas e procedimentos que devem ser periodicamente submetidos a testes e simulações, a fim de garantir que a equipe lide com a emergência da melhor forma possível.

» **Um plano de contingência e/ou continuidade de negócio**: esse plano orienta, detalhadamente, a implementação de uma estratégia de recuperação, definindo os papéis de cada um dos atores da equipe e distribuindo os encargos para a administração de situações emergenciais durante as interrupções anormais do serviço, o que garante direcionamentos claros para que as equipes tomem as decisões necessárias, em casos de interrupções que incapacitem pessoas-chave.

» **Um plano de gerenciamento de crise**: consiste em um plano composto por diversos outros, como os mencionados anteriormente, e por documentos que admitem variação conforme a natureza do negócio. O plano de gerenciamento de crise tem a proposta de normatizar ações simultâneas aptas a serem colocadas em prática em diversos momentos, na ocorrência de um episódio não tencionado, com o objetivo de resguardar a continuidade, a recuperação e a retomada das atividades da empresa, atenuando danos humanos, materiais e imateriais e prevenindo, assim, que seus processos críticos de negócio sejam prejudicados.

A realização da **análise de riscos e impactos** é fundamental para captar e aquilatar a real criticidade dos processos, pois é com base nessa análise que será possível tomar decisões que permitam, primordialmente, convergir as ações contingenciais para a recuperação dos processos essenciais à empresa. Assim, a análise de riscos compreende a identificação de riscos e vulnerabilidades, a classificação desses riscos, a identificação de ameaças e impactos, bem como da probabilidade de sinistros e de ativos a serem protegidos (tangíveis e intangíveis), além de análise de trajeto.

Administrar recursos humanos

Também incumbe ao gestor de segurança, segundo Silva (2009), fazer a administração dos recursos humanos de sua equipe de segurança. Para tanto, ele deve definir o perfil esperado e coletar as informações necessárias dos candidatos a serem recrutados, selecionados e entrevistados. Além disso, outras de suas tarefas são providenciar e fiscalizar a documentação legal dos colaboradores (vigilantes), participar da integração e inserir os novos funcionários em programas de treinamentos e qualificações, monitorando o comportamento, elaborando a escala de trabalho e remanejando-os quando necessário, "visando à otimização de suas habilidades" (Silva, 2009).

Em suma, a administração de recursos humanos por parte do gestor em segurança engloba as seguintes funções:

» *Ministrar treinamentos e cursos.*
» *Participar da integração de funcionários.*
» *Monitorar comportamento.*
» *Elaborar escala de trabalho.*
» *Remanejar funcionários.*
» *Fiscalizar documentação legal de funcionário (vigilante).*
» *Solicitar demissão de funcionário.* (Guedes, 2017)

Gerir recursos financeiros e materiais

De acordo com Silva (2009), para realizar melhorias no setor, o gestor em segurança deve

> *definir os serviços e equipamentos de segurança, aprovar sua compra, selecionar fornecedores, analisar orçamentos, elaborar planilhas de custos, conferir materiais e serviços solicitados, e nesse caso, a realização de análise, identificação e classificação de riscos, identificação de vulnerabilidades, ameaças, impactos, probabilidade de sinistro e avaliação dos ativos a serem protegidos (tangíveis e intangíveis).*

Em resumo, para gerir recursos financeiros e materiais, o gestor deve, nos termos indicados por Guedes (2017):

> » *Propor desenvolvimento e/ou melhorias de produtos de segurança.*
> » *Definir equipamentos de segurança.*
> » *Selecionar fornecedores.*
> » *Aprovar compras de equipamentos e serviços de segurança.*
> » *Conferir materiais e serviços solicitados.*

Coordenar atividades de inteligência empresarial

Silva (2009) também destaca o emprego de inteligência na atividade de segurança empresarial como um importante fator para alcançar bons resultados, de forma que ao gestor de segurança também competirá o recebimento e a análise de informes de inteligência, bem como a tarefa de transmutá-los em informações indispensáveis para a concepção de cenários prospectivos, a fim de subsidiar a consecução de ações estratégicas pela alta administração.

Assim, em síntese, trata-se de uma atividade realizada por meio de recebimento, seleção e análise de informações, bem como da seleção dos receptores das informações, da propositura de ações preventivas e corretivas, da difusão de informações e da simulação de cenários.

■ **Prestar consultoria/assessoria**

A ação de prestar consultoria/assessoria possibilita ao gestor em segurança identificar as necessidades específicas do cliente, além de conferir-lhe condições de emitir pareceres de segurança e negociar contratos. Também são atividades relativas à prestação de consultoria o acompanhamento de implementação de plano ou projeto de segurança e a auditoria de plano e/ou projeto de segurança (Guedes, 2017).

1.2.3 Competências pessoais

Entre as competências pessoais que são esperadas pelo gestor de segurança, listamos algumas nos itens a seguir.

■ **Liderança**

Refere-se à capacidade de conduzir ou estar à frente de determinada coletividade, a fim de torná-la uma equipe que produz resultados eficientes e satisfatórios, de forma organizada e responsável, por meio do exercício de constante motivação e influência ética e positiva sobre as pessoas, visando à contribuição voluntária e entusiasta delas com o escopo de atingirem, em conjunto, os objetivos da organização ou empresa.

■ **Visão estratégica**

A visão estratégica compreende o discernimento apurado, qualificado pela atualização constante, que permite ao indivíduo acompanhar os acontecimentos ao seu redor e compreendê-los adequadamente, de forma a permitir a elaboração de conjecturas substanciais acerca do futuro da sua atividade-fim e das atividades adjacentes de interesse. Ou seja, consiste, fundamentalmente, em uma capacidade de exercício de planejamento do que está por vir, a partir da definição de prioridades, metas, estratégias e táticas.

Proatividade

Por *proatividade* entende-se a capacidade de ter iniciativa própria, dirigida à consecução dos fins almejados pela organização, agindo antecipadamente e autonomamente na resolução de problemas e de situações não desejadas e executando as medidas necessárias para solucioná-los.

Perspicácia

Sinônimo de *sagacidade*, trata-se da qualidade do indivíduo que tem uma aptidão natural para perceber algo ou discernir situações, compreendendo de forma mais fácil o que a maioria das pessoas têm dificuldade para compreender ou perceber.

Flexibilidade

Refere-se à qualidade de entender, acatar ou admitir as opiniões, ideias ou pensamentos de outras pessoas, de forma madura e profissional. Também significa a habilidade de realizar diversas tarefas, atividades e ocupações simultaneamente. Entende-se por *flexibilidade cognitiva* a habilidade de interpretar e conceber certas situações ou informações partindo de diversos pontos de vista e perspectivas, ou seja, a capacidade de encontrar, diante de uma mesma circunstância, diferentes respostas alternativas.

Capacidade de negociação

Significa agir com assertividade, interagindo com o outro na busca por fórmulas aptas a satisfazer tanto as necessidades individuais quanto as da equipe, tendo por base regras definidas de regência da relação em questão e passando pelo sensato e equilibrado crivo da liderança, visando ao alcance de uma aceitação harmoniosa do grupo e ao fomento da participação e pronta cooperação de todos.

■ Capacidade de persuasão
Diz respeito à habilidade de levar as pessoas a acatar ou recusar determinada ideia ou opinião, ou a adotar certos comportamentos de livre e espontânea vontade – exercendo uma influência motivadora, positiva e ética, por meio da argumentação e da retórica.

■ Capacidade de observação
Trata-se da habilidade de prestar atenção detalhada ao ambiente em que se está inserido, bem como ao comportamento das pessoas e às rotinas estabelecidas, a fim de ter uma vantagem estratégica na elaboração de planos e prognósticos e na tomada de decisões.

■ Capacidade de trabalhar em equipe
Relaciona-se à capacidade de delegar tarefas e de cooperar com os demais integrantes da equipe em suas atribuições, de forma respeitosa e eficiente, buscando enxergar as potencialidades de cada um e maximizar o proveito do trabalho em conjunto.

■ Capacidade de manter sigilo
Concerne à qualidade de dominar o impulso de comentar determinadas informações com indivíduos estranhos à empresa ou que não digam respeito direto às atribuições funcionais relacionadas a tais informações.

■ Equilíbrio emocional
Trata-se da capacidade de se manter estável e racional mesmo em meio a situações de tensão, conflitos, emergências e problemas pessoais, de forma que as emoções individuais não interfiram na consecução das atividades laborais que, especificamente no caso da

gestão da segurança, demandam alto grau de domínio próprio e sobriedade.

▪ Conduta ética e postura profissional

Conduta ética refere-se ao ato de se comportar de forma a obedecer às normas legais e sociais do ambiente em que se está inserido, ou seja, respeitar os direitos e cumprir os deveres de forma honesta, íntegra e sistemática, com responsabilidade e comprometimento, a fim de assegurar sua credibilidade profissional.

Já a postura profissional diz respeito à necessidade de que o sujeito se porte de maneira adequada, sóbria e condizente com seu ambiente de trabalho, primando pela decência de seus trajes e pelo asseio pessoal, observando seu linguajar e o trato com os demais colaboradores e clientes.

É recomendável também que o gestor de segurança saiba como funcionam aplicativos de suíte de escritório (tais como os disponibilizados no Microsoft Office), bem como de ferramentas de gerenciamento que facilitem a sua utilização, com vistas a apontar a direção mais adequada ao cumprimento de metas e à medição dos resultados.

Por fim, e não menos importante, o gestor de segurança deve conhecer profundamente a legislação pertinente à sua profissão e às suas atividades desenvolvidas diariamente, além da legislação correlata aos negócios da empresa.

1.3   A atividade de consultoria

Nesta seção, apresentaremos algumas noções e características referentes à atividade de consultoria a ser desempenhada pelo gestor de segurança.

1.3.1 Noções gerais

Diante dos crescentes desafios que se apresentam ao universo corporativo, demandando das empresas que empreguem esforços cada vez mais incisivos a fim de se manterem à frente da concorrência e sempre na vanguarda das tendências de mercado, incumbe ao gestor administrativo fiar-se na *expertise* de especialistas nas áreas nas quais não detém conhecimento, como é o caso da gestão de segurança. É aqui que ganha espaço a chamada *consultoria*.

A consultoria de segurança consiste em uma avaliação geral, a qual deve ser efetuada por um profissional – denominado *consultor* – que, necessariamente, precisa estar adequadamente capacitado e qualificado na área de segurança, além de conhecer a estrutura organizacional da empresa contratante, com o objetivo de aperfeiçoar, se preciso, os processos e modelos de gestão da organização.

Segundo Roberto Costa (citado por Lima, 2016a), o gestor/consultor de segurança é aquele que guia as suas intervenções com base na inteligência empresarial, analisando os problemas na sua origem, verificando alternativas e propondo soluções pontuais e com investimentos adequados aos riscos. Portanto, ele atua "na otimização e customização dos recursos, buscando atingir os resultados esperados pela empresa" (Silva, citado por Lima, 2016a).

Para tanto, o consultor que objetiva sucesso e reconhecimento necessita apresentar um perfil empreendedor e estar compromissado com a qualidade do trabalho desenvolvido. Por isso, deve se manter atualizado e em constante aprimoramento de seus conhecimentos, a fim de incrementar cada vez mais sua *expertise*. Quanto às competências pessoais, é mais que recomendável que exerça suas atividades com "liderança, autonomia, criatividade, iniciativa e capacidade de análise" (Lima, 2014).

Também é fundamental que o consultor tenha compreensão do negócio do seu cliente e que seja capaz de aplicar conhecimentos inter e multidisciplinares arraigados pela experiência adquirida ao longo de sua carreira, atuando de forma imparcial e independente. Isso significa que a análise por ele empreendida deverá se fundamentar em soluções adequadas e em técnicas correspondentes às reais necessidades da empresa contratante, e não apenas para atingir resultados previamente determinados com relação à segurança – isto é, a análise do gestor em segurança deverá levar em conta todas as metas da organização.

No que tange à experiência profissional do consultor, é importante que ele não tenha somente uma perspectiva empírica dos padrões de segurança, mas que também agregue a ela as perspectivas acadêmica e científica, inclusive com a incorporação de padrões internacionais em relação à segurança empresarial, o que torna a consultoria uma atividade complexa.

Assim, o consultor de segurança empresarial, segundo Siderley Lima (2016a), deve atuar com agilidade e firmeza, sendo capaz de planejar sistemas integrados de segurança, proceder à realização de políticas estratégicas de proteção à continuidade dos negócios, além de analisar os problemas diretamente na origem, avaliar alternativas e apresentar soluções aos riscos ou aos pontos vulneráveis. Ainda, estão entre suas atribuições: elaborar planos de segurança e contingências; fazer análises de riscos; criar planejamentos táticos e técnicos para o cotidiano da empresa; prestar assessoria e consultoria às pessoas em geral, para encontrar a solução mais viável em termos de segurança pessoal (Lima, 2016a). Por fim, o consultor em segurança também é responsável "pelos projetos de segurança dos shopping centers, condomínios verticais e horizontais, residências, empresas, aeroportos, teatros, escolas, indústrias, hospitais, hotéis, estabelecimentos comerciais e tantas outras atividades" (Lima, 2016a).

Conforme apresentamos, a gama de possibilidades de atuação do consultor em segurança é bastante ampla. O mercado, inclusive, conta com diversas organizações especializadas em consultoria, as quais podem colaborar para o aumento da relação custo-benefício dos vários segmentos de atividades. As próprias empresas de segurança privada utilizam esses serviços, que podem ser prestados tanto por profissionais do próprio quadro de colaboradores da organização quanto por meio da contratação de um serviço de consultoria autônomo.

O sistema de segurança elaborado pelo consultor, conforme descrevemos, também deverá conter ferramentas gerenciais de controle, denominadas indicadores de desempenho, a fim de que ele possa acompanhar os resultados, bem como o clima organizacional, buscando identificar entre seus colaboradores os pontos fracos da empresa.

Na lição de Nunes (2011), deve-se, na atualidade, "ver a gestão da segurança com uma visão sistêmica e holística, na parceria dos recursos humanos com o total apoio da tecnologia". Assim, a atuação do consultor deve ocorrer de forma alinhada à do setor de recursos humanos, no que diz respeito à seleção e à contratação de colaboradores, adequando a forma de integração dos novatos e dos treinamentos para os colaboradores que já fazem parte do quadro de funcionários, incumbindo ao setor de recursos humanos (RH) a capacitação dos profissionais da área de segurança, visando à redução de riscos para a empresa.

Dessa forma, podemos perceber o papel fundamental desempenhado pelo consultor (interno ou externo) em segurança empresarial na consecução dos objetivos estratégicos da empresa, contribuindo, assim, para a superação das expectativas de mercado.

1.3.2 Formas de consultoria

Há diversas formas pelas quais a consultoria em segurança pode ser prestada. Entre elas, com base nos ensinamentos de André de Pauli (2011), destacamos as seguintes:

» **Consultoria independente**: é aquela prestada sem que haja qualquer vínculo funcional com prestadores de serviço ou fornecedores de produtos. Rara no mercado, a consultoria independente procura fornecer soluções aos clientes por meio da elaboração de sistemas de segurança que asseguram o melhor (e não o máximo) investimento possível.

» **Consultoria vinculada**: nesse tipo de consultoria, o consultor está vinculado a um escritório na qualidade de sócio ou representante de uma carteira de fornecedores de produtos e serviços. A visão e a missão do profissional responsável pela consultoria vinculada estão mais centradas nos resultados pessoais. Trata-se da espécie mais comum de consultoria.

» **Consultoria especialista**: dedicada a um ramo específico da segurança empresarial, como segurança eletrônica, segurança das instalações industriais, segurança de dados etc.

» **Consultoria acadêmica**: está voltada à produção de pareceres e materiais didáticos, demandando do consultor que tenha alto grau de instrução formal.

» **Consultoria treinadora**: é aquela dedicada à transmissão de conhecimento, capacitação e aperfeiçoamento tanto de novos consultores quanto dos que já participavam do sistema de segurança. Essa consultoria pode apresentar um viés mais teórico, mais prático ou trazer os dois enfoques – um exemplo: palestras sobre o uso de armas.

» **Consultoria permanente**: caracterizada por ser mais generalista e pressupor uma contratação que perdure com o passar dos anos. O consultor pode estabelecer uma relação de dedicação exclusiva (em tempo integral) ou elaborar um planejamento anual de atendimento aos clientes, garantindo assistência na ocorrência de crises.

» **Consultoria associada**: essa consultoria pode ser prestada por meio de um escritório de consultoria, formado por uma gama de especialistas em diversas áreas.

1.3.3 Fases da consultoria

De acordo com Lima (2016b), a consultoria de segurança é composta por cinco fases distintas: **contato, diagnóstico, ação, implementação** e **término**.

Na primeira fase, de **contato**, o consultor de segurança deve se dedicar a detectar o problema do cliente, avaliando se é o profissional mais indicado para a sua resolução, e levantar as expectativas do cliente. Na sequência, ambas as partes assinam formalmente o contrato.

A segunda fase consiste no **diagnóstico**, que pode ser dado com base na visualização do problema e na identificação do melhor método a ser aplicado, considerando, também, quais dados necessitam ser coletados e quanto tempo essas atividades demandarão. De acordo com Antonio Celso Brasiliano (1999), a forma mais proveitosa de o consultor elaborar um diagnóstico é colhendo as informações em campo, a fim de que tenha a real percepção do que está ocorrendo na empresa. Para tanto, há três maneiras pelas quais a busca das informações pode ser realizada: entrevistas, verificação de documentos e trabalho de campo*.

A realização do diagnóstico a partir desses três recursos tende a garantir uma percepção mais clara e ampla da situação geral da

---

* No "Anexo 1", você encontrará um exemplo de *checklist* para a elaboração de um diagnóstico de segurança.

segurança do cliente, evidenciando tanto seus pontos fortes quanto suas vulnerabilidades.

As entrevistas são realizadas, via de regra, nos níveis institucional, intermediário e operacional, tendo por escopo conhecer como as pessoas trabalham e enxergam as necessidades da empresa no que diz respeito à segurança.

A verificação de documentos, tais como planos e normas, visa trazer ao conhecimento do consultor o que preconizam as condutas e qual é a política de segurança da empresa.

Por fim, o trabalho de campo tem o objetivo de estabelecer o comparativo entre as normas estabelecidas e seu efetivo cumprimento.

A terceira fase, da **ação**, é aquela na qual o cliente é envolvido no processo, isto é, quando ele recebe o diagnóstico. Nessa etapa, o consultor avalia as eventuais resistências por parte do cliente e estabelece um plano de ação voltado a mudanças eficientes.

Na quarta fase, de **implementação**, cuja responsabilidade compete à alta direção da empresa, deve-se colocar o planejamento em prática e ajustá-lo quando necessário, cabendo ao consultor avaliar o resultado conjuntamente com o cliente.

No **término**, que consiste na quinta fase da consultoria, elabora-se a avaliação final dos trabalhos, decidindo-se pela sua extensão ou não a outros segmentos da empresa, conforme haja a identificação de outros problemas que conduzam a novos contratos.

1.3.4 Carreira e profissionalização

A consultoria de segurança, assim, consubstancia-se em um excelente nicho de atuação para gestores de segurança que almejam uma carreira que possibilite autonomia e independência.

Contudo, o consultor independente deverá ter em mente que concorrerá diretamente com as empresas de segurança, as quais, ao oferecer seus serviços ao cliente, já lhe prestam consultoria provendo as próprias soluções para os problemas detectados, a fim de obter lucro.

A carreira de consultoria nas vertentes não vinculadas contribui para diminuir os problemas ocasionados pela terceirização da segurança, tendo um papel fundamental para o fortalecimento da segurança orgânica empresarial.

Para o desenvolvimento de suas atividades, é primordial que o consultor mantenha, ainda que seja em sua residência, um escritório profissional aparelhado com toda a infraestrutura necessária para a realização das suas atividades e para manter uma comunicação ativa com clientes e colaboradores. Atualmente, há a grande necessidade de profissionalizar a consultoria em segurança, pois é muito comum que indivíduos sem qualificação profissional ou estrutura adequada apresentem-se erroneamente como consultores de segurança.

De acordo com Carlos Faria (citado por Lima, 2016a), o consultor deve

> ser um agente de mudança, pois a organização que o contratar tem o desejo de mudar algo, senão o seu trabalho não terá sentido prático. O consultor em qualquer especialidade carrega consigo alguns estigmas, portanto terá que enfrentar preconceitos por meio de sua postura ética, acima de tudo. Deve "ser" um consultor e não "estar" consultor, em razão de alguma contingência profissional.

O diferencial que o mercado da consultoria e seus clientes devem efetivamente buscar, conforme Pauli (2011), está justamente na ética profissional e empresarial que deve ser estabelecida na relação entre ambas as partes.

Os consultores também poderão ser classificados como **júnior**, **pleno** ou **sênior**, dependendo do tempo de experiência e da qualificação profissional.

De acordo com Santos (citado por Lima, 2011), o plano de carreira atinente à consultoria deve se basear no tripé formado por: sustentação conceitual; experiência profissional com foco na atuação; publicações com apresentações.

A sustentação conceitual preconiza a imprescindibilidade de que a carreira de um consultor de segurança se consolide, primeiramente, por meio de educação e qualificação profissional formal. Em outras palavras, o consultor deve ter formação acadêmica em sua área de atuação, formação que pode ser, preferencialmente, potencializada por cursos de pós-graduação (para se tornar especialista em determinada matéria), que podem ser tanto *lato sensu* – com o objetivo de adquirir uma perspectiva mais prática – quanto *stricto sensu* – no caso de o profissional também almejar seguir uma carreira acadêmica e atuar como professor em universidades.

Já a experiência profissional com foco na atuação pressupõe que o consultor empregue esforços para se tornar especialista em um determinado aspecto profissional, pois o incremento de *expertise* acarreta maior visibilidade aos serviços que tem a ofertar ao mercado.

Por fim, quanto às publicações com apresentações, é importante que o consultor desenvolva não apenas os aspectos práticos e operacionais da profissão, mas que também se dedique à produção de conhecimentos e conteúdos na área de segurança, com a elaboração de livros, artigos e pareceres, bem como com a divulgação desses conhecimentos por meio de participação em congressos, seminários, simpósios, palestras e treinamentos em geral.

Síntese

Neste capítulo, estudamos o papel do gestor de segurança no contexto empresarial e verificamos seus potenciais campos de atuação, bem como suas características, responsabilidades, atribuições e competências profissionais e pessoais.

Argumentamos que, como forma de demonstrar as habilidades, o gestor deve ser versátil e multitarefa, sabendo planejar, organizar, coordenar e supervisionar as atividades e operações de segurança, entre outras atribuições.

Questões para revisão

1) Qual é a importância da formação profissional para o gestor de segurança?

2) Cite três competências pessoais desejáveis em um gestor de segurança.

3) Conceitue consultor em segurança.

4) As alternativas que seguem se referem a competências profissionais do gestor de segurança, **exceto**:
   a. Gerenciar atividades de segurança, por meio da elaboração de planos e realização da análise de riscos.
   b. Coordenar atividades de espionagem empresarial.
   c. Administrar recursos humanos.
   d. Gerir recursos financeiros e materiais.
   e. Prestar consultoria/assessoria.

5) (NCE/UFRJ – 2007 – Eletrobrás) A função de segurança requer que sejam mantidas permanentemente a atenção e a vigilância, de modo que o profissional esteja pronto para atuar na prevenção do delito ou do fato adverso. Sendo assim, pode-se afirmar que é correto:
   a. manter revistas e jornais no posto de serviço a fim de diminuir o estresse e melhorar a qualidade da atuação;

b. comentar com os usuários do prédio as estratégias de segurança, as escalas de plantão, a rotina da vigilância e os pontos vulneráveis, pois assim todos poderão ajudá-lo;

c. confiar na boa aparência e na boa intenção das pessoas, uma vez que todos são inocentes até que se possua prova em contrário;

d. ter estratégias prévias que possam ser implementadas imediatamente diante de um fato adverso, evitando ao máximo ser surpreendido pela situação;

e. manter uma postura adequada e, caso porte uma arma, mantê-la sempre na mão, de modo a não perder tempo em caso de necessidade.

6) Assinale as assertivas a seguir com V (verdadeiro) ou F (falso):

( ) A consultoria independente é prestada sem vínculo funcional com prestadores de serviço ou fornecedores de produtos – é a forma mais comum de prestação de consultoria em segurança.

( ) Na consultoria vinculada, o consultor está vinculado a um escritório na qualidade de sócio ou representante de uma carteira de fornecedores de produtos e serviços.

( ) A consultoria especialista se direciona à produção de pareceres e materiais didáticos, demandando do consultor um alto grau de instrução formal.

( ) A consultoria treinadora se dedica a um ramo específico da segurança empresarial (segurança eletrônica, segurança das instalações industriais, segurança de dados, por exemplo).

( ) A consultoria associada é prestada por um escritório de consultoria composto por uma gama de especialistas em diversas áreas.

A seguir, indique a alternativa que apresenta a sequência correta:
a. F, V, F, F, V.
b. F, F, V, F, V.
c. V, V, F, F, V.
d. V, F, F, V, F.
e. F, V, V, F, F.

Questão para reflexão

1) Quais são os riscos inerentes ao desenvolvimento da gerência de operações de segurança por pessoas que não se encontram adequadamente formadas e capacitadas para o exercício da função? Isto é, em que pode implicar a contratação de pseudogestores para a segurança empresarial?

Para saber mais

Caso esteja interessado em aprofundar ou atualizar os estudos sobre o papel do gestor de segurança dentro do contexto da segurança privada podem consultar na internet o *blog* de Siderley Andrade de Lima, que veicula diversos artigos explorando o assunto:
BLOG DO GESTOR DE SEGURANÇA EMPRESARIAL. Disponível em: <http://gestorsegurancaempresarial.blogspot.com.br/>. Acesso em: 25 abr. 2018.

II

Conteúdos do capítulo:

» Qualificação e quantificação da segurança empresarial.
» Preceitos basilares.
» Elementos fundamentais.
» Diferenciação entre segurança orgânica e segurança terceirizada.

Após o estudo deste capítulo, você será capaz de:

1. descrever o conceito de segurança empresarial;
2. apontar os princípios básicos da segurança empresarial;
3. indicar em que consiste cada item essencial de um plano de segurança empresarial;
4. descrever a forma de fornecimento de serviço de segurança empresarial orgânica e diferenciá-la de um serviço terceirizado, além de elencar as ferramentas que lhe permitirão analisar a melhor opção para cada empresa dentro de suas circunstâncias específicas.

Segurança empresarial

Para compreender o que é a segurança empresarial, primeiramente é necessário um entendimento apropriado do conceito de *segurança*. De acordo com Souza (2009, p. 32), "a segurança é um processo de proteção nos espaços públicos e privados [...] com o objetivo precípuo de evitar – e minimizar – os impactos dos perigos às pessoas, bens patrimoniais e demais ativos tangíveis e intangíveis, através da prevenção e recuperação de perdas e danos". Conforme Antonio Celso Brasiliano (2015), *segurança empresarial* é o "conjunto de medidas, capazes de gerar um estado, no qual os interesses vitais de uma empresa estejam livres de interferências e perturbações". Ao contrário do que possamos crer, a segurança empresarial não depende somente da atuação do departamento de segurança da empresa, mas engloba todos os seus setores e todo o seu quadro de funcionários.

O ideal é que a empresa permaneça em um estado de segurança, isto é, que disponha de uma segurança permanente, ainda que, ocasional e eventualmente, enfrente situações temporárias de insegurança.

O interesse na manutenção da segurança empresarial se baseia eminentemente na necessidade de proteção de toda a sua gama de ativos, tangíveis e intangíveis, através da prevenção e recuperação de perdas e danos. Portanto, para além da conveniência de impedir que a organização seja roubada ou incendiada, a segurança empresarial representa a defesa do nicho mercadológico da instituição, de seus segredos, das estratégias de produção, de venda e *marketing*, das pesquisas voltadas à inovação etc., bem como a preservação da incolumidade física e do bem-estar dos funcionários.

Em relação à segurança privada, o modelo legal brasileiro veda a atuação de pessoas físicas no setor. O marco legal vigente no Brasil permite a realização das atividades particulares de segurança apenas para empresas orgânicas e especializadas. Dessa forma, a única classificação funcional encontrada no texto legal brasileiro refere-se à figura do vigilante.

Fernando da Cruz Coelho (2011) ressalta, ainda, que a legislação brasileira também não diferencia as atividades de segurança armada e desarmada, bem como não traz referências à regulação de serviços mais atuais, como a utilização de segurança eletrônica, sistemas de alarme e circuito fechado de televisão – o mesmo ocorre em relação à área de investigação particular.

2.1 Grau de eficiência, importância e nível da segurança empresarial

No que diz respeito ao **grau de eficiência**, a segurança empresarial deve ser satisfatória, uma vez que pretender uma proteção perfeita, total e absoluta é algo irrealista, uma utopia. A satisfação é alcançada quando a segurança é capaz tanto de retardar ao máximo uma possibilidade de agressão quanto de desencadear forças, no menor espaço de tempo possível, aptas a neutralizar a agressão verificada (Brasiliano, 2015).

A **importância da segurança empresarial** reside no fato de que empresas prósperas e saudáveis, para além de trazerem benefícios para seus proprietários, acionistas, empregados e clientes, favorecem toda a região em que estão inseridas e alcançam inúmeras pessoas, ao gerar empregos e impostos; incrementar o comércio e os transportes; expandir a rede de telecomunicações e do sistema financeiro; incentivar a qualificação da mão de obra; fomentar a construção civil, bem como de escolas e hospitais; e fortalecer a economia de uma forma geral (Brasiliano, 2015).

No entanto, embora Henri Fayol (2007), criador da teoria clássica da administração, em sua obra *Administração industrial e geral*, tenha elencado a segurança entre as funções essenciais dentro da empresa, lamentavelmente ainda percebemos a negligência de muitas organizações, inclusive de grande porte, na implementação adequada de um departamento de segurança propriamente organizado e estruturado, omitindo-o de seus organogramas.

Infelizmente, no Brasil, ainda acaba por prevalecer o empirismo, a improvisação e a clandestinidade, em detrimento da regularidade e da profissionalização da segurança empresarial. Não raro, o responsável pela segurança também é o responsável por serviços como transporte, limpeza e manutenção (Brasiliano, 2015), relegando-se ao segundo plano a formação adequada do pessoal de segurança.

Por sua vez, a melhora no **nível da segurança empresarial** depende do estabelecimento, de iniciativa da alta direção da empresa e de um plano integrado de segurança, cujo processamento deve ocorrer, primeiramente, pela análise de vulnerabilidades, e na sequência, pela sua implantação, observada a rígida obediência ao plano elaborado e a sua permanente atualização (gestão).

2.2 Princípios básicos

Os analistas e especialistas em gestão de segurança, entre os quais podemos citar Brasiliano (2015) e Plácido Ladercio Soares (2018), indicam alguns **princípios básicos** da segurança empresarial. Apresentaremos tais princípios nos itens a seguir.

» **Segurança é prevenção**: a função primordial da segurança é prever os riscos e perigos e, assim, minimizar a possibilidade de ocorrência dessas situações – isto é, ela é sempre preventiva. Por isso, deverá estar apta e em condições de atuar imediatamente quando da ocorrência de incidentes indesejados.

» **Prevenção é treinamento**: tal princípio destaca a premência da atividade de prevenção quando se trata de segurança. E essa prevenção só pode ser alcançada de forma eficiente por meio de constante treinamento que capacite e aprimore os conhecimentos e as habilidades da equipe de segurança, de forma direcionada.

» **O investimento em segurança é proporcional ao risco que se corre**: esse princípio pontua que a diminuição dos riscos está diretamente relacionada à quantidade de recursos alocados ao setor de segurança, de tal maneira que esse departamento não deve ser negligenciado pela empresa.

» **As medidas de segurança não devem impedir ou dificultar a atividade normal da empresa**: a segurança é um meio para que a empresa assegure a consecução de seus fins próprios, de forma que se as medidas adotadas causarem rotineiramente embaraços às atividades-fim da organização, elas se tornarão ineficientes e improdutivas.

» **A segurança se sustenta em uma burocracia eficiente**: ações e operações de segurança não planejadas, catalogadas, administradas e relatadas indevidamente comprometem a sua eficiência, razão pela qual a manutenção de um sistema de administração da segurança é essencial.

» **A segurança deve estar integrada às outras áreas da empresa**: é imprescindível que todas as áreas da empresa conheçam as atividades de segurança, bem como que sejam esclarecidas quanto à importância delas. Todos os colaboradores devem ter em mente que devem contribuir para a proteção das pessoas e instalações da organização.

» **A segurança deve ser compreendida, admitida e aprovada por todos**: todas as pessoas que compõem o quadro funcional da organização, desde a base até o topo do organograma, devem encampar e aquiescer com os procedimentos e medidas de segurança implantados na empresa, para que todos tirem proveito de uma segurança realmente eficiente.

2.3 Itens essenciais

A doutrina também indica alguns **itens essenciais** que devem ser levados em consideração na elaboração de um plano de segurança empresarial. Os tópicos que seguem são de primordial importância e são fundamentados em Brasiliano (2015).

2.3.1 Administração da segurança

A segurança empresarial pressupõe a manutenção de um serviço de segurança bem estruturado e adequadamente gerenciado. Para tanto, a figura do diretor, chefe ou gestor de segurança é central. Por isso, é ideal que ele tenha uma habilitação profissional adequada – recomenda-se, no mínimo, formação superior na área de gestão de segurança.

Contudo, caso não seja possível proceder à contratação de um profissional com esse perfil, a empresa terá de optar entre os três outros tipos de profissionais existentes no mercado que podem ocupar o cargo de gestor de segurança, levando em consideração as vantagens e desvantagens de cada um: administradores de empresa, técnicos em segurança do trabalho e agentes policiais ou militares inativos.

Nesse sentido, um administrador pode revelar grandes conhecimentos sobre as áreas administrativa e empresarial, mas não ter muitas noções sobre a área específica de segurança. Por sua vez, um técnico em segurança do trabalho pode ter capacitação satisfatória na área de segurança; todavia, seus conhecimentos concentram-se na própria esfera da segurança do trabalho. Por fim, um agente policial ou militar certamente saberá muito sobre segurança de maneira geral, mas, via de regra, apresentará pouco ou nenhum conhecimento das áreas administrativa e empresarial.

Para empresas de grande porte, a recomendação é optar pela contratação de um profissional que exerça a função de gestão de segurança com exclusividade. Já no caso de empresas de pequeno porte, a acumulação de funções não será totalmente prejudicial – é mais importante, ao fim e ao cabo, que toda empresa tenha um responsável pelo setor de segurança.

2.3.2 Proteção perimetral

A organização de um eficiente sistema de segurança patrimonial pressupõe a proteção contra invasões ou acessos não permitidos, o que só se torna viável por meio de um bom sistema de proteção perimetral, que consiste no cerco alocado no entorno das instalações da organização.

Assim, a proteção perimetral visa preservar o local contra acessos não autorizados, obrigando dirigentes, funcionários, visitantes e fornecedores a utilizarem as entradas previamente determinadas. O cerco formado com essa proteção deve ser forte e resistente o suficiente para impedir ou dificultar sua violação.

2.3.3 Serviços de vigilância

A vigilância, diferentemente da proteção perimetral – que diz respeito a uma segurança estática, consubstanciada em barreiras –, consiste na segurança dinâmica realizada pela força humana. A maior parte das organizações opta por um sistema misto, isto é, delega a vigilância armada a empresas terceirizadas e mantém os serviços de recepção, portaria e vigilância desarmada sob a responsabilidade da própria empresa.

2.3.4 Identificação e controle interno

No que concerne às pessoas, a identificação e o controle interno devem ser realizados principalmente na recepção ou na portaria da empresa, embora também sejam necessários nos estacionamentos e nas áreas restritas. Para tal, é fundamental contar com o apoio humano e tecnológico, a fim de estabelecer um sistema de identificação e controle de entrada e saída de funcionários, visitantes, fornecedores e prestadores de serviço. Além disso, é fundamental manter em arquivo, preferencialmente em meio digital, o mapa de controle das atividades internas da empresa.

2.3.5 Prevenção e combate a incêndios

Incêndio é, por definição, uma combustão sem controle. Para a sua segurança, a empresa deve estar munida de um projeto de prevenção contra incêndios específico para ela, bem como de um plano de emergência elaborado por um agente especializado, o qual deve considerar o desenvolvimento de um sistema composto por alarmes, detectores de fumaça, detectores de calor (*sprinklers*), bem como a manutenção de equipamentos de combate às chamas, como portas corta-fogo, sinalizadores, hidrantes e mangueiras, todos estrategicamente posicionados.

É preciso ter em mente que o risco depende diretamente da quantidade existente de possíveis fontes de ignição, bem como da carga de elementos combustíveis em um determinado local, considerando-se as possibilidades de ocorrência dessas ignições, seja acidentalmente ou pela ação humana.

2.3.6 Espionagem

Para impedir que dados valiosos sejam compartilhados com a concorrência, a empresa deve estar protegida contra ações que visem à violação de suas informações estratégicas – isto é, cruciais para o desenvolvimento de seus processos de produção e consecução ou manutenção de mercados. Tais informações comumente dizem respeito a atividades de pesquisa e desenvolvimento de produtos e serviços, planos de *marketing*, clientela, fornecedores, funcionários, planos de fusão e expansão, pesquisa de mercado, entre outros.

A prevenção à espionagem demanda um conjunto de medidas sobrepostas e liga-se intimamente ao controle interno e de identificação, bem como à proteção aos dados e às redes de informática utilizadas pela organização. Como exemplos de equipamentos de espionagem, podemos citar as escutas, as microcâmeras e as câmeras em sensores de movimento; como exemplos de equipamentos de contraespionagem, podemos elencar os detectores de câmera, os minidetectores de *bugs* e os analisadores de linhas telefônicas.

2.3.7 Proteção contra furtos e assaltos

O furto pode ser interno, quando é praticado por um funcionário da própria organização, ou externo, quando o agente criminoso não faz parte dos quadros funcionais da empresa. Os assaltos, via de regra, são praticados por criminosos profissionais que executam suas ações de forma planejada. A fim de prevenir contra crimes internos, entre outras medidas, a organização deve dar atenção especial à política de recursos humanos. Ou seja, a empresa precisa tomar cuidado nas contratações, especialmente daqueles que terão acesso a bens e finanças da empresa.

Em relação aos crimes externos, é fundamental que a empresa se atenha às medidas preventivas de integração de sistemas eletrônicos à vigilância humana.

Em ambos os casos, é fundamental promover a manutenção de um bom controle interno do patrimônio móvel da empresa, por meio do emprego de etiquetagem com número sequencial. Além disso, para a proteção patrimonial, é importante evitar que grandes quantidades de dinheiro permaneçam em caixa. Para tal, recomenda-se a utilização de cofres, o aprimoramento do controle de acesso às áreas restritas e a implementação de auditorias periódicas, para a verificação de possíveis casos de desvio ou de má utilização de bens.

2.3.8 Segurança dos computadores

A empresa também deve estar atenta à segurança das redes de informática, a fim de se resguardar dos chamados *cybercrimes*, isto é, crimes praticados por meio de sistemas informatizados e que podem atingir tanto bens e valores quanto documentos sigilosos e segredos industriais. É indispensável, portanto, manter um rigoroso controle de senhas de acesso, bem como a utilização de *softwares* de *firewall* e antivírus.

2.3.9 Possíveis ações terroristas

No Brasil, ainda é remota a possibilidade da ocorrência de ataques terroristas. Contudo, certas organizações podem apresentar peculiaridades que devem ser observadas.

Por exemplo: se uma empresa ou seus funcionários (proprietários, acionistas majoritários, visitantes, estagiários, pesquisadores etc.) estiverem, de alguma maneira, ligados a países ou grupos que potencialmente podem cometer atos terroristas (seja por suas características políticas, ideológicas, raciais ou religiosas), é recomendável que a organização em questão tenha algum conhecimento acerca da metodologia organizacional e operacional de grupos terroristas e que tome medidas preventivas, com o auxílio das autoridades policiais ou militares especializadas de sua região.

Entre as medidas protetivas, podemos elencar: inspeções e varreduras constantes em locais que favoreçam a ocultação de bombas e de outros artefatos explosivos; a restrição reforçada do acesso aos depósitos de água, gás e energia elétrica, que devem ser monitorados 24 horas por dia; o controle da qualidade da água e dos alimentos consumidos na empresa, a fim de reduzir os riscos de envenenamento e intoxicações; a instalação de equipamentos de detecção de ligações capazes de identificar sua origem.

As mesmas orientações podem ser aplicadas para a prevenção de sabotagens, que, diferentemente dos atos terroristas, geralmente são praticadas por motivo de vingança por algum desafeto ou são fruto de concorrência desleal.

2.3.10 Greves e paralisações

Greves e paralisações sempre representarão prejuízos às empresas. Contudo, sob a perspectiva da gestão de segurança, cumpre a ela evitar que tais movimentos terminem sendo uma ameaça às instalações da empresa e aos seus dirigentes.

Assim, cabe ao setor de segurança manter-se informado acerca das possibilidades ou intenções de greves ou paralisações, bem como comunicar o fato à direção da empresa. Ainda, são tarefas desse setor: acompanhar de forma discreta a movimentação das lideranças grevistas, a fim de identificar possíveis motivações ocultas para o movimento; proteger as instalações de atos de violência ou vandalismo; documentar, através de fotografias e imagens, todo o decorrer do movimento, o que pode facilitar a identificação de eventuais agressores.

2.3.11 Iluminação e abastecimento de energia elétrica

A manutenção da segurança das instalações elétricas evita acidentes e desperdícios e assegura a iluminação e o fornecimento de energia elétrica em todos os ambientes da empresa.

Assim, é salutar que a organização conte com iluminação correta ou, no mínimo, satisfatória em todas as suas áreas, internas e externas, bem como nas vias públicas em seu entorno, a fim de reduzir a existência de pontos escuros. Caso haja deficiência na iluminação pública, a companhia de energia elétrica responsável pela área deverá ser contatada.

Também devem ser instalados sistemas de iluminação de emergência de acionamento automático nos casos de queda de energia. Nesse caso, os funcionários da manutenção precisam ter condições técnicas de restabelecer de forma célere o fornecimento de energia elétrica, caso o problema tenha sido gerado por circunstâncias internas.

As instalações elétricas da empresa devem ser protegidas e ter seu acesso dificultado, tendo em vista que cortes no abastecimento de energia são providências recorrentes para a consecução de atividades criminosas como assaltos ou atentados, pois a falta de energia, além de favorecer a ocultação dos agentes delitivos, neutralizam alguns equipamentos de segurança, dificultando o trabalho dos responsáveis pela segurança.

Da mesma forma, as instalações elétricas de alta voltagem devem ser corretamente sinalizadas para evitar acidentes, com acesso limitado apenas a pessoas autorizadas.

2.3.12 Segurança pessoal, familiar e residencial

Também faz parte da segurança empresarial analisar vulnerabilidades e prever medidas de segurança, visando à proteção da segurança pessoal, familiar e residencial dos proprietários, acionistas e dirigentes da empresa. Isso porque, devido à natureza de suas atividades profissionais e aos ganhos e lucros que podem obter, é muito comum que essas pessoas sejam vítimas de delitos.

Assim sendo, o plano de segurança empresarial deve conter medidas de segurança a serem adotadas pelas pessoas que podem se tornar alvos de delitos em virtude de sua posição, influência ou sucesso. Tal plano deverá abordar a proteção de residências, de locais de trabalho e deslocamentos pelo trânsito, além de considerar situações como caminhar, jantar com a família em um restaurante, divertir-se, passear em que essas pessoas estejam envolvidas.

Ainda, o plano deve considerar eventuais incursões a outras áreas, como zonas rurais ou litorâneas, bem como espaços para lazer ou diversão retirados das grandes metrópoles, por exemplo, pois potenciais alvos de delitos precisam sempre estar atentos quanto a possibilidades de sequestros. É interessante, ainda, considerar as relações mantidas com outras pessoas, sejam amigos, empregados domésticos, entre outros.

As informações devem ser compiladas em forma de um plano simples e de fácil compreensão e execução, como uma cartilha, e repassadas também aos familiares, a fim de que eles também tenham ciência de suas vulnerabilidades e dos perigos a que estão expostos.

2.3.13 Eventos especiais

Os modernos eventos empresariais têm cada vez mais alcançado enormes proporções, e os locais de sua realização muitas vezes podem apresentar uma considerável vulnerabilidade – sujeitos a incêndios, desabamentos, assaltos etc. Assim, para a elaboração de medidas protetivas em situações como essas, a empresa deve levar em conta a natureza do evento para, em seguida, estabelecer as responsabilidades da segurança, definindo as tarefas específicas de cada membro da equipe. Para tal, é necessário proceder à análise das vulnerabilidades, que deverá considerar aspectos como: localização da edificação que abrigará o evento; verificação do projeto arquitetônico e das saídas de emergência; existência de materiais inflamáveis; adequação da iluminação; funcionamento dos sistemas de comunicação etc.

Após essas etapas, o planejamento da segurança poderá ser executado, abordando planos preventivos e métodos de ação para todos os possíveis cenários. Entra em cena, então, o trabalho da equipe de segurança, através da realização de treinamentos e simulações e do próprio gerenciamento da segurança na data do evento. É importante também que ao menos um integrante dessa equipe providencie toda a documentação do evento.

2.4 Segurança orgânica

Segundo José Sérgio Marcondes (2016), *segurança orgânica* (ou serviço de segurança orgânico) pode ser definida como "as atividades de segurança privada (vigilância patrimonial e transporte de valores) desenvolvidas por empresas de direito privado autorizadas pelo Departamento de Polícia Federal, visando apenas a sua própria segurança patrimonial".

A Portaria n. 3.233/2012-DG/DPF, de 10 de dezembro de 2012, que disciplina, em todo o território nacional, "as atividades de segurança privada, armada ou desarmada, desenvolvidas pelas empresas especializadas, pelas que possuem serviço orgânico de segurança e pelos profissionais que nelas atuam, bem como regula a fiscalização dos planos de segurança dos estabelecimentos financeiros" (Brasil, 2012), conceitua, em seu art. 2º, inciso II, a empresa possuidora de serviço orgânico de segurança: "pessoa jurídica de direito privado autorizada a constituir um setor próprio de vigilância patrimonial ou de transporte de valores" (Brasil, 2012).

Sobre a atividade de **vigilância patrimonial**, a mesma Portaria se refere a ela como "atividade exercida em eventos sociais e dentro de estabelecimentos, urbanos ou rurais, públicos ou privados, com a finalidade de garantir a incolumidade física das pessoas e a integridade do patrimônio" (Brasil, 2012). Tal atividade, conforme o art. 97, parágrafo 1º, do mesmo texto legal,

> *somente poderá ser exercida dentro dos limites dos estabelecimentos da empresa com serviço orgânico de segurança, assim como das residências de seus sócios ou administradores, com a finalidade de garantir a incolumidade física das pessoas e a integridade do patrimônio local, ou nos eventos sociais.* (Brasil, 2012)

Já a atividade de **transporte de valores**, numerários, ou bens se dá mediante utilização de veículos, comuns ou especiais, a fim de movê-los para outro destino (Brasil, 2012).

O termo *segurança orgânica* diz respeito, assim, às atividades de segurança de uma empresa desenvolvidos por ela mesma, de forma direta, isto é, a segurança fica sob responsabilidade da própria empresa (e não de uma terceirizada), de modo que ela precisará contar com uma equipe própria de profissionais de segurança, que deverá ser contratada sob o regime da Consolidação das Leis do Trabalho (CLT) e pertencer, assim, ao quadro funcional próprio da empresa.

A opção pela segurança orgânica, para a maioria das empresas dos mais diversos ramos da economia, está relacionada a uma maior consideração dessa atividade como função estratégica, não delegável a terceiros, conforme as políticas de gestão e a cultura empresarial próprias da organização. Assim, elas privilegiam a contratação direta do seu próprio pessoal de segurança.

A empresa que pretende instituir um setor orgânico de segurança deverá requerer autorização prévia ao Departamento de Polícia Federal (DPF), mediante o preenchimento de vários requisitos e a execução de determinados procedimentos previstos na Portaria mencionada. Assim, ao optar pela segurança orgânica, a empresa assume uma série de responsabilidades legais, da mesma forma que as organizações de segurança privada, que precisam cumprir diversas exigências e prestar contas aos órgãos competentes – no caso, em especial, ao DPF. Ficam sob a responsabilidade da empresa, por exemplo:

» O recrutamento dos profissionais de segurança, abrangendo desde o processo seletivo e checagem de sua atuação no mercado até a formação e a reciclagem dos vigilantes e sua obtenção de Carteira Nacional de Vigilante (CNV).
» A inclusão de dados no Gesp, um *software* de gestão eletrônica de segurança privada utilizado pela Polícia Federal para a tramitação dos principais processos atinentes à gestão de segurança privada, como:
  » *autorização para segurança orgânica;*
  » *revisão anual do alvará;*
  » *autorização para aquisição de armas e munições;*
  » *guias para deslocamento de armas;*
  » *processos punitivos;*
  » *atualização de dados;*
  » *solicitação de CNV (Carteira Nacional do Vigilante);*
  » *solicitação para aquisição de coletes balísticos* (Mariz, 2018a).

> » A aquisição e o registro de armamento, com a respectiva indicação de um gestor responsável por todos esses procedimentos à Policia Federal.
> » A obtenção de autorização para serviços orgânicos de vigilância patrimonial, anualmente revista pelo Ministério da Justiça. Qualquer inconsistência no processo de revisão pode atrasá-lo ou gerar multas, podendo até mesmo impedir a renovação dos serviços, em casos mais extremos.

É importante destacarmos que o exercício da atividade de vigilância patrimonial e de transporte de valores por empresas com o serviço orgânico de segurança somente deverá ser executado, conforme visto, se for devidamente autorizado e exclusivamente em proveito próprio (Brasil, 2012).

No Quadro 2.1, a seguir, apresentamos, segundo Marcondes (2016), alguns dos requisitos básicos relacionados à área de segurança orgânica.

Quadro 2.1 – Requisitos básicos de segurança orgânica

Exercer atividade econômica diferente da vigilância patrimonial e transporte de valores.
Utilizar os próprios empregados na execução das atividades inerentes ao serviço orgânico de segurança.
Comprovar que os administradores, diretores, gerentes e empregados que sejam responsáveis pelo serviço orgânico de segurança não tenham condenação criminal registrada.
Possuir instalações físicas adequadas para a instalação do setor/departamento de segurança orgânica.

Fonte: Marcondes, 2016.

O profissional responsável pela gestão (coordenação, supervisão, orientação, direcionamento e planejamento) das atividades de segurança, tanto orgânica quanto terceirizada, é o gestor de segurança. Por sua vez, o exercício efetivo das atividades de segurança privada é de incumbência do vigilante, o profissional legalmente "capacitado em curso de formação, empregado de empresa especializada ou empresa possuidora de serviço orgânico de segurança, registrado no DPF", conforme exposto no art. 2º, inciso III, da Portaria n. 3.233/2012-DG/DPF (Brasil, 2012).

2.5 Segurança terceirizada

A segurança privada, conforme apresentamos, também pode ser oferecida por empresas especializadas e aptas para executar atividades de "vigilância patrimonial, transporte de valores, escolta armada, segurança pessoal e cursos de formação", conforme exposto no art. 2º, inciso I, da Portaria n. 3.233/2012-DG/DPF (Brasil, 2012). Portanto, essas empresas ficam responsáveis pela seleção, pelo treinamento, pelo aperfeiçoamento e pela reciclagem dos profissionais de segurança recrutados de acordo com o perfil e a necessidade de cada organização cliente.

Como bem observa Coelho (2011), a legislação brasileira, ao mesmo tempo que erige barreiras limitadoras às atividades de segurança autorizadas a serem exploradas pelas empresas privadas, consente que tais organizações ofereçam seus serviços de vigilância patrimonial tanto às instituições financeiras quanto a instituições de outros segmentos, como "a indústria, o comércio, transportes de valores, escolta armada e segurança móvel de pessoas em vias públicas" (Coelho, 2011, p. 43).

Historicamente, a estabilização da maioria das empresas de segurança privada aconteceu, de forma organizada, na década de 1980, quando as organizações que já existiam necessitaram se adaptar às novas exigências legais. Inclusive, a regulamentação do setor no país ocorreu no início da mesma década, com a promulgação da Lei n. 7.102, de 20 de junho de 1983, que dispõe sobre "segurança para estabelecimentos financeiros, estabelece normas para constituição e funcionamento das empresas particulares que exploram serviços de vigilância e de transporte de valores, e dá outras providências" (Brasil, 1983).

Desde então, diversas empresas de segurança privada foram abertas, o que possibilitou um aumento da competitividade e o aquecimento do mercado, já que as instituições passaram a contar com pessoal gabaritado para atender às demandas de serviços, permitindo maiores margens de lucro e, consequentemente, a expansão dos negócios e o crescimento das empresas de segurança (Fenavist, citado por Coelho, 2011, p. 44).

A diversificação das atividades só foi possível a partir da década de 1990, quando houve a ampliação do alcance dos serviços de segurança privada a outros segmentos, anteriormente restritos às instituições financeiras e de transporte de valores. No entanto, a lucratividade dos serviços restou diminuída em razão do próprio aumento da competitividade, e os investimentos em tecnologia reduziram a lucratividade desses serviços (Fenavist, citado por Coelho, 2011, p. 44).

A necessidade de reorganização das empresas de segurança surgiu no início do segundo milênio, em virtude das novas exigências de preço do mercado, sendo que, atualmente, as empresas estão direcionadas à prestação de serviços em escala, com o escopo de aumentar a clientela e reduzir custos financeiros. Além disso, é possível perceber a tendência de ocorrerem fusões e aquisições de empresas especializadas (Fenavist, citado por Coelho, 2011, p. 44).

Nos dias de hoje, o maior usuário de serviços de segurança privada é a Administração Pública, que diz respeito a mais de 50% de todas as compras no setor (Fenavist, 2017). "Ao se avaliar o crescimento do número de empresas de 2012 a 2016, nota-se uma expansão de cerca de 12,2%. No entanto, quando comparado com o ano anterior, o número de empresas no setor de segurança privada apresentou uma queda de 0,8%" (Fenavist, 2017, p. 26).

A Região Sudeste – que concentra a maior parte da população – é também a que apresenta o maior número de empresas de segurança privada, tanto voltadas para as atividades de vigilância quanto de transporte de valores e cursos de formação de vigilantes. Apenas o estado de São Paulo representa cerca de 57,7% do total dessas empresas (Fenavist, 2017, p. 27).

É importante que a empresa de segurança privada esteja sempre com a sua documentação em dia, bem como que possua uma autorização especial para a realização de contratação. Conforme bem observa Mariz (2018b), a Polícia Federal compreende que a atividade de segurança privada é aquela "desenvolvida visando proteger patrimônio, pessoas e valores se constitui em atividade de segurança privada, sendo imprescindível possuir o alvará de funcionamento para comprovar sua regularidade. Mesmo a segurança prestada **sem a utilização de armas de fogo**, precisa obter a autorização" (Mariz, 2018b, grifo do original), sob pena de a atividade ser considerada clandestina, isto é, ilegal.

"Em 2016, mais de 50% de empresas autorizadas pela Polícia Federal exerciam, exclusivamente, atividade de vigilância patrimonial. [...] as empresas que estão autorizadas a exercer em conjunto as atividades a seguir: vigilância, transporte de valores, escolta armada e segurança pessoal, percentual de 9,55%" (Fenavist, 2017, p. 27).

No entanto, conforme observa Maurício Smaniotto (2017, p. 78),

> *o número de empresas legalizadas é igual ao número de companhias clandestinas [...]. Essas empresas sonegam impostos e direitos trabalhistas, cobrando um valor muito abaixo do que vigora no mercado, o que prejudica as empresas regulares. Estima-se que a cada profissional*

de vigilância regular, existem outros três que atuam na clandestinidade.

O mesmo autor alerta para o fato de que "a contratação de segurança clandestina pode colocar em risco a integridade física e o patrimônio do contratante, e este não terá a garantia que as pessoas contratadas possuem qualificação e bons antecedentes" (Smaniotto, 2017, p. 78). Dessa forma, optando-se pela contratação de uma empresa de segurança, antes da formalização do contrato, diversos aspectos devem ser considerados:

> » *Consultar no site da PF a autorização de funcionamento, utilizando o CNPJ da empresa que será analisada (www.dpf.gov.br/servicos/segurancaprivada/);*
> » *Pesquisar sobre a empresa: localidade, estrutura, tempo de mercado, serviços oferecidos. [...];*
> » *Consultar o sindicato patronal, o laboral, a Delegacia de Controle da Segurança Privada (Delesp) ou a Comissão de Vistoria da região, para verificar a existência de alguma pendência;*
> » *Ao analisar as propostas, desconsiderar as que tenham apresentado valores incompatíveis com os de mercado.*
> (Smaniotto, 2017, p. 79)

O efetivo combate à clandestinidade pressupõe a criminalização de atividades dessa natureza – o que esperamos ver acontecer com a implementação do Estatuto da Segurança Privada.

Nesse sentido, desde o final de 2016, o Plenário da Câmara dos Deputados aprovou o texto substitutivo ao Projeto de Lei n 4.238/2012 (denominado *Estatuto da Segurança Privada*). Tal texto substituto visa atualizar a legislação concernente à matéria, mas, até o momento, aguarda ser votado e aprovado pelo Senado Federal. Nas palavras de Celita Oliveira Sousa (2017, p. 75):

o País carece do exercício da relevante missão do Parlamento, que é aprovar esse projeto de lei, e da sanção pelo presidente da República, em prol da modernização com o necessário reforço da segurança das pessoas e do patrimônio, público e privado, o que será propiciado pela nova lei, verdadeiro marco regulatório da segurança privada, que encerra em seu texto segurança jurídica para os trabalhadores, os contratantes, as empresas, e o detalhamento mais claro e seguro da forma de atuação do poder público, no controle e fiscalização da atividade.

Enquanto esse estatuto (que, como demonstramos, aborda diversos temas, como a atuação das empresas de segurança eletrônica e a criminalização do fornecimento ou da contratação de serviços de segurança clandestinos) não é aprovado, as entidades ligadas ao setor promovem ações para esclarecer e conscientizar os contratantes e os cidadãos sobre os perigos de uma contratação irregular, na intenção de reduzir a atuação dessas empresas no setor, ao mesmo tempo que buscam atribuir credibilidade às empresas que já têm a devida autorização.

Como exemplo disso, podemos citar o desenvolvimento da cartilha *Como contratar segurança privada legal e qualificada: orientações*, elaborada pela Fundação Brasileira de Ciências Policiais (FBCP), em parceria com a Polícia Federal e o apoio da Federação Nacional das Empresas de Segurança e Transporte de Valores (Fenavist) (FBCP, 2017).

Mais do que apenas trazer orientações para contratação, a cartilha também aborda os riscos aos quais o contratante se expõe ao optar por uma empresa irregular, como a presença de armas e munições de origem ilícita ou de profissionais inabilitados e/ou com antecedentes criminais no interior do seu patrimônio. O texto da cartilha alerta, também, para o fato de que a atuação de empresas clandestinas aumenta a fiscalização pelos órgãos de controle (FBCP, 2017).

Coelho (2011, p. 36) nos traz uma importante contribuição a esse respeito:

> Mesmo com a explícita atribuição contida na lei das atribuições e competências no sistema de segurança privada, a legislação brasileira demanda regulamentações que disciplinem os segmentos de segurança eletrônica, alarmes, cercas elétricas, blindagem de veículos de passeio, proteção de edifícios, circuitos fechados de televisão e segurança desarmada. A omissão de dispositivos legais para esses mecanismos de segurança de patrimônios e pessoas abre espaço para que corporações e autônomos, indistintamente, passem a explorar os serviços informais.

Assim, a lacuna legislativa conduz indivíduos e empresas de segurança privada a tirarem proveito das referidas omissões, como nos casos, por exemplo, de monitoramento eletrônico, instalação de alarmes e atividades particulares de investigação, que acabam sendo realizadas por empresas sem as devidas qualificações.

A ausência de regulamentação de algumas atividades da segurança privada, indicando as competências e limitações referentes às funções dos serviços públicos e privados, muitas vezes, também pode levar a "interpretações contraditórias do exercício do serviço de proteção em áreas públicas e privadas, exercidas de forma desarmada por porteiros, vigias, zeladores e profissionais de pronta resposta da vigilância eletrônica" (Coelho, 2011, p. 36).

Enquanto aguardamos que o Estatuto da Segurança Privada venha de encontro às carências legislativas apontadas, o setor segue regulamentado pela Lei n. 7.102/1983 e pela Portaria n. 3.233/2012-DG/DPF.

Síntese

Neste capítulo, examinamos o panorama geral da segurança empresarial e demonstramos como verificar seu grau de eficiência e sua importância para as empresas.

Também apresentamos os princípios básicos que norteiam essa área da segurança e discutimos alguns dos itens essenciais que devem constar em um plano de segurança empresarial, de forma a preparar o gestor para a realização dessa tão importante tarefa.

Por fim, estudamos os pilares básicos das seguranças empresariais orgânica e terceirizada e debatemos os pontos de contato, as diferenças, as vantagens e as desvantagens entre elas, com o objetivo de conferir ao gestor de segurança os conhecimentos necessários para que ele possa recomendar à empresa as melhores alternativas em segurança, de acordo com as necessidades e especificações da organização.

Questões para revisão

1) No que consiste a segurança empresarial e o que se entende por *estado de segurança*?
2) Para que servem os princípios básicos da gestão de segurança?
3) Quais são os requisitos básicos de segurança orgânica que permitem distingui-la da segurança terceirizada?
4) Todas as alternativas a seguir estão corretas, **exceto**:
   a. O interesse na manutenção da segurança empresarial se concentra eminentemente na necessidade de proteção de toda a sua gama de ativos, tangíveis e intangíveis, através da prevenção e recuperação de perdas e danos.

b. A função de segurança passou a ser considerada uma função essencial dentro das empresas apenas no final do século XX.

c. O grau de eficiência satisfatório de segurança empresarial é atingido quando a segurança é capaz tanto de retardar ao máximo uma possibilidade de agressão quanto de desencadear forças, no menor espaço de tempo possível, aptas a neutralizarem a agressão verificada.

d. A importância da segurança empresarial transcende a própria empresa, pois se reflete em toda a sociedade.

e. O nível de segurança empresarial dependerá diretamente da adoção de um plano integrado de segurança que atenda às particularidades da organização.

5) As alternativas a seguir apresentam itens essenciais a serem observados no planejamento da segurança empresarial, **exceto**:

a. Administração da segurança.
b. Proteção perimetral.
c. Serviços de vigilância.
d. Identificação e controle interno.
e. Segurança residencial de todos os funcionários.

6) Assinale as assertivas a seguir com V (verdadeiro) ou F (falso):

( ) Empresa possuidora de serviço orgânico de segurança é a pessoa jurídica de direito privado autorizada a constituir um setor próprio de vigilância patrimonial ou de transporte de valores.

( ) Vigilância patrimonial é a atividade de segurança exercida em eventos sociais e dentro de estabelecimentos, urbanos ou rurais, públicos ou privados, com a finalidade de garantir a incolumidade física das pessoas e a integridade do patrimônio.

( ) A atividade de transporte de valores, numerários ou bens se dá mediante a utilização de veículos, comuns ou especiais, a fim de movê-los para outro destino.

( ) A empresa que pretende instituir um setor orgânico de segurança deverá requerer autorização prévia ao Departamento de Polícia Federal, mediante o preenchimento de vários requisitos e a execução de vários procedimentos previstos na Portaria N. 3.233/2012-DG/DPF.

( ) Não há lacunas legais relevantes, no que diz respeito ao setor de segurança privada, que prejudiquem o exercício do serviço de proteção em áreas públicas e privadas.

A seguir, marque a alternativa que apresenta a sequência correta:

a. V, F, V, F, V.
b. F, V, V, F, V.
c. V, V, F, F, V.
d. V, F, V, V, F.
e. F, F, V, V, V.

Questão para reflexão

1) De que forma os princípios básicos da segurança empresarial se relacionam ou se refletem nos itens essenciais do plano de segurança? Indique exemplos.

Para saber mais

Caso queira aprofundar os estudos sobre segurança empresarial – especialmente a temática dos serviços de segurança orgânica e terceirizada –, recomendamos a seguinte leitura:

COELHO, F. da C. **Gestão e modelos legais de segurança privada**: um estudo em empresas orgânicas e especializadas. 108 f. Dissertação (Mestrado em Administração) – Universidade Fumec, Belo Horizonte, 2011. Disponível em: <http://www.fumec.br/revistas/pdma/article/download/4534/2323>. Acesso em: 25 abr. 2018.

III

Conteúdos do capítulo:

» Noções e critérios de departamentalização.
» Forma de organização do departamento de segurança orgânica.
» Tipos de organograma.
» Central de segurança.

Após o estudo deste capítulo, você será capaz de:

1. descrever a função de um departamento de segurança;
2. utilizar ferramentas e métodos oriundos da administração clássica que podem ser empregados na organização do departamento de segurança;
3. elaborar um organograma do departamento de segurança;
4. equipar e gerenciar adequadamente uma central de segurança.

Departamento de segurança orgânica

A atividade de segurança não é menos importante dentro da organização da empresa do que as demais atividades como produção, *marketing*, contabilidade, finanças e administração. Logo, é imperioso que a empresa preze pela área de segurança tanto quanto pelas demais áreas. Para tanto, a primeira providência a ser tomada é a criação de um **departamento de segurança**, cujo responsável deve ser um profissional qualificado e habilitado para a sua implementação e gestão ou diretoria (Soares, 2018).

Departamento, na conceituação de Idalberto Chiavenato (2003, p. 209),

> *designa uma área, divisão ou segmento distintos de uma empresa sobre a qual um administrador (seja diretor, gerente, chefe, supervisor etc.) tem autoridade para o desempenho de atividades específicas. Assim, o termo departamento ou divisão é empregado com um significado genérico e aproximativo: pode ser um departamento ou uma divisão, seção, unidade organizacional ou setor.*

Portanto, departamentalizar é uma forma de especializar o trabalho na organização das áreas da empresa.

Nesse mister, o estudo da departamentalização é útil para alocar, da melhor forma possível – isto é, da forma mais eficiente – os recursos e as pessoas, bem como para encontrar formas de melhor administrá-los dentro da estrutura global da empresa. Por isso, é interessante estabelecer ligações entre as diferentes maneiras de departamentalizar, a fim de possibilitar a otimização do aproveitamento das vantagens de cada uma e viabilizar uma interligação satisfatória entre as diferentes atividades da empresa.

3.1 Noções de departamentalização

Classicamente, a especialização na organização de tarefas realiza-se em dois sentidos: vertical e horizontal. A **especialização vertical** ocorre quando se verifica a "necessidade de aumentar a qualidade da supervisão ou chefia acrescentando mais níveis hierárquicos na estrutura", sendo sempre caracterizada pelo "crescimento vertical do organograma" (Chiavenato, 2003, p. 208). Por outro lado, haverá **especialização horizontal**, também chamada de *processo funcional* ou *departamentalização*, quando for preciso incrementar a perícia, a eficiência e a qualidade do trabalho propriamente dito, isto é, "equivale a uma especialização de atividade e de conhecimentos" que se caracterizará sempre pelo "crescimento horizontal do organograma" (Chiavenato, 2003, p. 208).

A **departamentalização**, assim, é um vetor para a obtenção de homogeneidade entre as tarefas de cada setor, o que só ocorre quando estão reunidos, na mesma unidade, todos os executores do mesmo trabalho, por meio do mesmo processo, para a mesma clientela e em um mesmo lugar (Chiavenato, 2003, p. 210), com o escopo de alcançar operações mais eficientes e econômicas. Nesse sentido, as tarefas serão homogêneas na medida em que seu conteúdo apresentar semelhanças entre si. Além disso, à medida que ocorrer a especialização do trabalho, a organização passará a necessitar de coordenação de cada uma das diferentes atividades, agrupando-as em unidades maiores.

3.1.1 Critérios de departamentalização

A divisão de tarefas entre os vários departamentos de uma empresa ancora-se em princípios denominados ***critérios de departamentalização***. Via de regra, as empresas se valem de uma conjunção desses critérios para estabelecer as responsabilidades especializadas nas unidades da estrutura organizacional. Entre a diversa gama de critérios de departamentalização existentes, destacamos: por funções; por produtos ou serviços; territorial; por clientes; por fases do processo (ou processamento); por projetos; por matriz; mista. Em outras palavras, a título de exemplo, é possível atribuir a cada departamento a incumbência de atender a um determinado tipo de cliente, ou produzir um tipo específico de produto, ser responsável por uma delimitada área geográfica etc.

A **departamentalização funcional** reúne funções comuns ou atividades semelhantes para formar uma unidade organizacional. Entre as suas principais vantagens, estão a manutenção do poder e do prestígio das funções principais e a criação de eficiência por meio dos princípios de especialização. Ainda, a departamentalização funcional centraliza a perícia da organização, possibilitando um maior rigor quanto ao controle das tarefas pela alta administração, além de garantir segurança na execução das atividades e nos relacionamentos entre funcionários. Entre as desvantagens do modelo, estão o fato de ele gerar muita especialização no trabalho, recaindo a responsabilidade total pelo desempenho apenas sobre a chefia. Além disso, cada gerente tem apenas um espectro estreito de fiscalização, bem como é limitado o treinamento de gerentes para a ocupação de posições mais elevadas. Também torna mais complexa e árdua a coordenação entre as funções quanto à organização em tamanho e amplitude da empresa (Oliveira, 2005).

A **departamentalização por produtos ou serviços** é feita conforme as atividades inerentes a cada um dos produtos ou serviços da empresa. Ela propicia a direção da atenção para linhas específicas de produtos ou serviços, favorecendo a coordenação de funções e a melhor atribuição da responsabilidade sobre o lucro. Assim, esse tipo de departamentalização facilita o controle de resultados e proporciona a alocação de capital humano especializado para cada grupo de produto, gerando condições favoráveis para a inovação e criatividade. Contudo, o modelo exige mais pessoal e recursos de material, podendo resultar na duplicação desnecessária de recursos e equipamentos e, consequentemente, no aumento de custos em vários segmentos (Chiavenato, 2003).

A **departamentalização territorial**, também conhecida como *regional*, de área ou geográfica, consiste no agrupamento de atividades conforme os lugares onde estão localizadas as operações (Chiavenato, 2003). As vantagens e desvantagens desse tipo de departamentalização são semelhantes às da departamentalização por produtos.

A **departamentalização por clientes** se refere ao agrupamento de atividades de tal maneira que elas se concentrem em um determinado uso do produto ou serviço, isto é, foca-se eminentemente nas necessidades dos clientes, sendo utilizada especialmente no agrupamento de atividades de vendas ou serviços. A principal vantagem desse tipo de departamentalização, obviamente, diz respeito à adaptabilidade de uma determinada clientela, sendo que, entre as principais desvantagens, estão a dificuldade de coordenação, a subutilização de recursos e a concorrência entre os gerentes para concessões especiais em benefício de seus próprios clientes (Chiavenato, 2003).

A **departamentalização por fases do processo** diz respeito ao agrupamento de atividades que se concentram nos processos de produção ou operação, possibilitando maior especialização de recursos alocados e uma rápida comunicação de informações técnicas. No entanto, esse modelo pode ocasionar a perda da visão global acerca do andamento do processo e não permite ampla flexibilidade para ajustes (Chiavenato, 2003).

A **departamentalização por projetos** é aquela na qual há atribuições temporárias para os funcionários, tendo em vista que há datas de início e término para cada projeto. Assim, uma vez encerrado o projeto, a equipe é deslocada para a realização de outras atividades (Chiavenato, 2003).

A **departamentalização por matriz** é semelhante à por projetos, tendo surgido, de acordo com Oliveira (2005), como uma forma de intermediária entre a departamentalização funcional e a por projetos. Contudo, há uma diferença fundamental: no caso da departamentalização por matriz:

> *o administrador de projeto não tem autoridade de linha sobre os membros da equipe. Com esse procedimento, surge o conceito de dupla subordinação, pois cada área passa ao comando simultâneo dos superiores funcionais e dos coordenadores de projetos. A estrutura matricial é uma solução híbrida, como um remendo na estrutura funcional, com o fim de torná-la mais ágil e flexível às mudanças.* (Andrade; Amboni, 2010, p. 103)

A **departamentalização mista** consiste em que cada parte da empresa tenha a sua estrutura da forma mais adaptada à sua própria realidade organizacional, sendo o tipo mais frequente de departamentalização (Oliveira, 2005).

A departamentalização também deve observar alguns **princípios** (Chiavenato, 2003):

» **Princípio de maior uso**: o departamento que fizer o maior uso de uma determinada atividade deve tê-la sob sua gerência.
» **Princípio de maior interesse**: o departamento que detiver o maior interesse pela atividade deve supervisioná-la.
» **Princípio de separação do controle**: as atividades de controle devem estar apartadas das atividades controladas.
» **Princípio da supressão da concorrência**: as atividades devem ser agrupadas em um mesmo departamento, eliminando a concorrência entre setores.

Logo, podemos concluir que o departamento de segurança de uma empresa, em virtude de suas características inerentes, melhor se adéqua ao critério de departamentalização funcional.

3.2 Missão, visão e valores

O departamento de segurança física e patrimonial tem a missão de prover e manter a segurança de funcionários, clientes, ativos tangíveis ou intangíveis, instalações e equipamentos, considerando um conjunto de medidas e atividades empregadas, através de um planejamento prévio e de constante fiscalização, com a finalidade de garantir à empresa o nível de segurança necessário para o bom desenvolvimento de suas atividades-fim.

Missão é a fundamentação do propósito de uma organização – isto é, a sua razão de ser –, expressa por seus valores e por sua visão. A missão, aplicada ao departamento, tem como escopo demonstrar a necessidade da existência de um determinado departamento, bem como de destacá-lo perante a concorrência, estabelecendo seu espaço no mercado. Para compreender melhor o que significa missão, é interessante considerar os seguintes questionamentos: *O que a organização deve fazer? Para que deve fazer? Como deve fazer? Onde deve fazer? Qual é a sua responsabilidade social?*

Dessa forma, é imprescindível ao gestor de segurança empresarial que compreenda a missão do departamento de segurança no mercado e, a partir disso, estabeleça a visão e os valores que implementará na condução das operações de segurança, de acordo com as características próprias e culturais da empresa.

Por sua vez, a importância da criação de **valores** para uma missão organizacional eficiente reside no fato de que os valores norteiam a definição do comportamento ético e profissional individual e da equipe como um todo, uma vez que são tidos como crenças e atitudes essenciais ao desenvolvimento de determinada atividade. Por isso, é necessário que os valores estejam inseridos no contexto de uma cultura ética e contem com o apoio irrestrito da direção, a fim de propiciar a integração da equipe em um ambiente sadio e de permitir que a prestação dos serviços seja realizada com a máxima qualidade.

Por **visão**, podemos compreender a posição que a empresa pretende ocupar em um cenário futuro, isto é, refere-se a uma imagem ambiciosa de um estado se que deseja alcançar a longo prazo ou um marco para um ponto de chegada em determinado espaço de tempo. Nesse sentido, é útil indagar a respeito: do objetivo da organização; da força motriz que a impulsiona; dos seus valores elementares; das metas que pretende alcançar; dos seus pontos positivos e negativos; das necessidades de mudanças e adaptações.

Dessa forma, a visão necessita ser prática, realista e palpável, uma vez que, caso não sugira ou proponha resultados atingíveis, seu significado acabará se mostrando inútil. A visão precisa refletir o perfil da organização projetado no tempo, acompanhando naturalmente o sucesso da empresa, o qual só poderá ser atingido com a confluência de boas intenções, esforços, recursos e projetos implementados pelas equipes.

3.3 Organização do departamento de segurança

A organização de uma empresa é produto do somatório de pessoas, máquinas, equipamentos, recursos financeiros e outros ativos. É o fruto da combinação de todos esses elementos orientados a um objetivo comum, produzindo qualidade como resultado (Maximiano, 1992).

Na conceituação de Antonio Cesar Amaru Maximiano (1992, p. 23):

uma organização é uma combinação de esforços individuais que tem por finalidade realizar propósitos coletivos. Por meio de uma organização torna-se possível perseguir e alcançar objetivos que seriam inatingíveis para uma pessoa. Uma grande empresa ou uma pequena oficina, um laboratório ou o corpo de bombeiros, um hospital, um formigueiro, um time de futebol ou uma escola são todos exemplos de organizações. Sempre que alguém precisa realizar uma atividade para a qual é necessário recorrer ao concurso de outros, ou sempre que algumas pessoas descobrem que se unirem suas forças, conseguirão fazer coisas que seriam impraticáveis se perseguidas por apenas uma delas, o resultado é uma organização.

De uma perspectiva estática, podemos dizer que existe, em uma organização, uma disposição ordenada de pessoas que constituem uma rede de relações com posições distintas distribuídas dentro de um mesmo quadro, isto é, através de um organograma, compondo-se de camadas hierárquicas ou níveis funcionais discriminados pelo grau de autoridade delegada, comando e salários.

No processo de organização, assim, a autoridade exercida por cada pessoa é determinada estabelecendo-se uma hierarquia. Pela hierarquia são especificados os executivos diretores e o presidente, os gerentes, os supervisores e/ou as equipes de autogestão, sendo estas últimas adotadas, atualmente, como alternativas aos supervisores.

A função primordial dos supervisores é assegurar o cumprimento de tarefas. Contudo, esse modelo tem sido paulatinamente substituído à medida que as organizações vêm introduzindo, cada vez de forma mais ampla, as equipes na participação das atividades da empresa. A autogestão de equipes significa que elas mesmas serão responsáveis pela própria organização, proporcionando uma salutar competição e, consequentemente, um incremento na produtividade da empresa.

Para o gestor organizar uma empresa, um departamento ou qualquer outro processo que inclua relações interpessoais, é preciso que estabeleça algumas funções básicas. Assim, além de saber planejar sua empresa ou departamento, um bom gestor necessita ter assertividade e coerência para gerenciar, bem como dominar as ferramentas de acompanhamento e controle.

O processo de organização da empresa passa pela decisão de centralizar ou descentralizar as suas atividades. A centralização propicia facilidade de controle, no entanto, reduz a independência departamental na tomada de decisões. Já a descentralização facilita um ambiente competitivo entre as unidades e confere mais agilidade ao processo decisório; todavia, o controle é mitigado. A estrutura organizacional, dessa forma, precisa ser delineada conforme os objetivos e as estratégias determinados, pois se trata de uma ferramenta crucial para a empresa atingir o patamar almejado; é o instrumento fundamental para a concretização do processo organizacional.

3.3.1 Organização, sistemas e métodos (OSM)

A eficácia de uma organização depende da consumação de seus objetivos, entre os quais citamos a satisfação do cliente, seu impacto na sociedade e a aprendizagem organizacional; já a eficiência da empresa, por sua vez, diz respeito à ótima alocação de seus recursos.

Estudos na área de organização, sistemas e métodos (OSM), por sua vez, pertencente à área clássica de administração, análise e desenvolvimento de sistemas – responsável pelo conjunto de técnicas que objetivam melhorar o funcionamento das empresas –, concluem que as ações de planejar e organizar são fundamentais para uma empresa desenvolver adequadamente uma arquitetura da estrutura de recursos e operações, assim como para estabelecer ou determinar procedimentos, rotinas ou métodos.

O compromisso fundamental da área de OSM, segundo Oliveira (2005), é executar as atividades de levantamento, análise, elaboração e implementação de sistemas administrativos na empresa. Entre os objetivos dessa área, estão: desenvolver ou aprimorar métodos de trabalho; facilitar e agilizar a execução de atividades; suprimir tarefas em duplicidade; padronizar e aprimorar o controle; gerenciar processos e resolver patologias organizacionais (Oliveira, 2005).

Conforme Ballestero-Alvarez (2006), as fases da OSM são:

» **Fase pioneira ou inicial**: normalmente, constitui-se de um único profissional.

» **Fase de desenvolvimento ou expansão**: fase em que ocorre a expansão da estrutura e de suas ações, além de uma intensificação dos trabalhos e do aumento do número de participantes.

» **Fase de controle**: refere-se ao estabelecimento de normas que controlem e comandem os processos de trabalho.

» **Fase da burocracia**: é como a fase de controle, mas levada a um patamar extremo.

» **Fase de maturidade**: última etapa da OSM, em que se readquirem as características de flexibilidade e inovação da área.

Ao estabelecer uma estrutura organizacional adequada, a empresa pode desenvolver melhor suas responsabilidades, lideranças e motivações, além de aprimorar a organização das funções, o levantamento de informações e a coleta de recursos.

Em um contexto geral, a estrutura organizacional pode ser subdividida em duas: estrutura informal e estrutura formal.

» **Estrutura informal**: consiste em uma rede de relações sociais e pessoais que não é definida formalmente (Oliveira, 2005). A estrutura emerge da interação entre as pessoas, desenvolvendo-se espontaneamente à medida que elas se reúnem. A informalidade é, via de regra, mais instável, uma vez que está sujeita aos sentimentos pessoais. Prevalecendo a subjetividade, a estrutura não detém direção determinada e obrigatória. Isso, ao mesmo tempo que estreita o canal de comunicação entre os chefes e os subordinados, motivando e integrando os grupos de trabalho, dificulta o controle e facilita a ocorrência de atritos entre os participantes.

» **Estrutura formal**: adotada pela grande maioria das empresas, é a estrutura deliberadamente planejada e formalmente representada, em alguns aspectos, em organogramas.

Como há possibilidade de a estrutura formal adquirir proporções imensas, o estabelecimento de atribuições deve ser mais criterioso e, durante seu desenvolvimento, devem ser considerados os componentes, condicionantes e diversos níveis de influência, uma vez que uma empresa ou departamento só poderá alcançar seus objetivos a partir de uma estrutura bem implantada.

3.3.2 Organicidade corporativa

No que tange à organicidade corporativa do serviço de segurança, vale trazer à baila a perspectiva de Henri Fayol (2007, citado por Coelho, 2011, p. 42), que determina a sua finalidade da seguinte forma: "Sua missão é proteger os bens e as pessoas contra roubo, o incêndio e a inundação, e evitar as greves, os atentados e, em geral, todos os obstáculos de ordem social que possam comprometer o progresso e mesmo a vida da empresa". Assim, o autor entende que o setor incumbido da segurança dos ambientes interno e externo da organização se enquadra, em importância, na função de recursos humanos (Figura 3.1).

Figura 3.1 – A grande empresa industrial

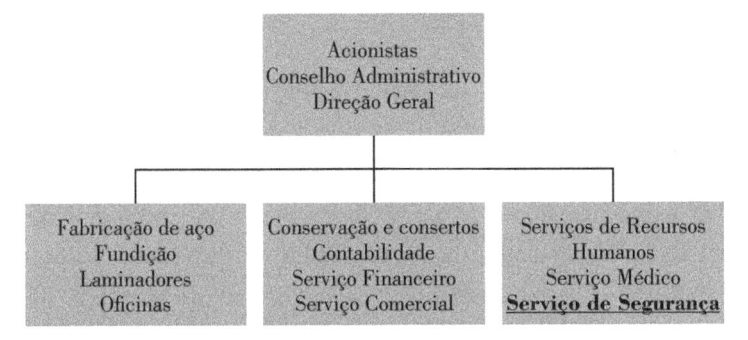

```
                    ┌─────────────────────────┐
                    │      Acionistas         │
                    │ Conselho Administrativo │
                    │      Direção Geral      │
                    └─────────────────────────┘
                              │
         ┌────────────────────┼────────────────────┐
         │                    │                    │
┌─────────────────┐ ┌──────────────────────┐ ┌──────────────────────┐
│ Fabricação de aço│ │Conservação e consertos│ │ Serviços de Recursos │
│    Fundição      │ │    Contabilidade      │ │      Humanos         │
│   Laminadores    │ │  Serviço Financeiro   │ │    Serviço Médico    │
│    Oficinas      │ │   Serviço Comercial   │ │ **Serviço de Segurança** │
└─────────────────┘ └──────────────────────┘ └──────────────────────┘
```

Fonte: Coelho, 2011, p. 41, grifo do original.

A divisão do trabalho é funcional e necessária, ainda que em seus extremos, segundo o entendimento de Rodrigues e Cunha (2000, p. 78). Também de acordo com os autores, "o trabalho atomizado colabora para a criação de uma 'solidariedade orgânica'" (Rodrigues; Cunha, citados por Coelho, 2011, p. 42) e seria capaz de se desdobrar de forma positiva em uma coesão social. Assim, compreende-se que

> em um plano específico de uma organização, a coesão entre as diferentes divisões de trabalho, que compõem o organograma da instituição, é um objetivo estratégico e logístico a ser buscado como fonte de informação intercambiável entre setores, facilitando suas tarefas de prevenção, o que ocorre, por exemplo, no exercício do controle da segurança orgânica. (Zanetic, citado por Coelho, 2011, p. 42)

Gerir um departamento de segurança ou atuar em qualquer uma das subdivisões desse segmento é uma tarefa altamente complexa. Conforme já discutimos, é necessário dominar diversas áreas do conhecimento e, sobretudo, compreender a conjuntura que envolve o processo de segurança na gestão de uma empresa. Por isso, a escolha de um profissional com formação específica é tão imprescindível, como também já mencionamos.

Conforme debateremos na sequência, um dos principais mecanismos auxiliares no processo de organização da empresa é o organograma. Nele, também está descrita, além dos cargos e departamentos, a hierarquia que os rege. É de extrema importância para a organização da empresa que os cargos, bem como a delegação de tarefas e responsabilidades, sejam adequados e claramente definidos. Isso porque os encarregados de uma unidade, departamento ou atividade, juntos, devem realizar as tarefas necessárias para o bom andamento da empresa.

3.4 Organograma do departamento de segurança

O **organograma** é a melhor forma de representar graficamente a estrutura hierárquica de uma organização, sendo ele o desenho organizacional que consubstancia a configuração global dos cargos e a relação entre as funções, autoridades e subordinações no ambiente interno de uma organização.

Sua utilidade está em possibilitar uma fácil visualização, especialmente para indivíduos alheios à organização. O organograma permite que qualquer pessoa identifique prontamente os responsáveis por cada área ou setor, viabilizando um contato mais ágil e preciso quando da necessidade de tratar alguma questão específica. Também é útil na ambientação de novos funcionários, que poderão obter uma melhor noção de suas posições e funções dentro da organização, considerando sua estrutura global. Além disso, facilita a compreensão acerca de a quem cada funcionário deve se reportar. O organograma também é importante para o reconhecimento de problemas na estrutura da empresa, como a duplicidade de funções e o mau aproveitamento da força de trabalho dela advindo.

A forma mais interessante de apresentação do organograma é aquela que contém somente os nomes dos cargos – tendo em vista que a inserção dos nomes dos dirigentes de cada setor, bem como de outros dados (como número de funcionários subordinados e outras informações atinentes à divisão do trabalho) implica a necessidade constante de reedição dos manuais organizacionais, a fim de que os nomes sejam atualizados a cada mudança de direção.

A seguir, listamos quais são os principais objetivos de um organograma:

» indicar os diferentes órgãos competentes de uma organização;
» informar os elos e liames de interdependência entre os diversos departamentos e apontar os níveis hierárquicos em que se decompõe uma empresa.

De acordo Ballestero-Alvarez (2006), há quatro tipos de organogramas: por linha, de assessoria, funcional e matricial.

O **organograma por linha** é o de leitura mais fácil. Inspirado nos modelos de organização militar, é muito empregado por organizações com estrutura hierárquica rígida. É recomendável para empresas com estruturas hierárquicas mais enxutas, sob pena de tornar a sua visualização prejudicada. No organograma por linha, são privilegiadas as comunicações e ordens em linhas verticais – isto é, de cima para baixo –, sendo escassas as comunicações horizontais. O organograma circular ou radial é uma variação do organograma por linha, consistindo na conformação de círculos concêntricos que mostram os vários níveis hierárquicos da empresa. Em ambos, o nível hierárquico mais elevado ocupa lugar de destaque, representando a autoridade máxima, sendo que no organograma por linha a posição é no topo, e no radial, é central.

O **organograma de assessoria** também é derivado do organograma por linha. Contudo, há uma diferença fundamental, que consiste na maior presença de conexões horizontais, que representam assessorias compostas por especialistas que se prestam a orientar a gerência em seu processo de tomada de decisões. A competência desses órgãos é apenas consultiva, ou seja, eles não têm autoridade para tomar decisões. Se os limites de suas funções não forem observados, pode-se gerar desencontro de informações e confusão entre os funcionários.

Aplica-se o **organograma funcional** sempre que a estrutura organizacional da empresa for assentada no critério funcional, pois nele são representadas as funções desempenhadas por todos os chefes e subordinados. Assim, ganha-se em nível de especialização de cada departamento, mas esse mesmo grau de especialização pode também dificultar uma visão holística da empresa e gerar a alienação do pessoal, que passa a ser focado apenas em suas próprias tarefas.

Por fim, o **organograma matricial** é o mais complexo de todos, uma vez que é resultado da combinação de duas formas de organização da empresa – conforme abordamos anteriormente, quando estudamos os critérios de departamentalização.

O tamanho e a complexidade do departamento de segurança, de seu sistema e da sua equipe vão depender diretamente do porte da empresa. Contudo, em geral, o organograma típico de um departamento de segurança, de acordo com Soares (2018, p. 40, grifo do original) é constituído da seguinte forma:

> a. <u>Presidente ou Diretor Geral:</u> *é o responsável direto pelo comando da empresa. A ele está subordinada a Gerência ou Diretoria de Segurança.*
> b. <u>Gerente ou Diretor de Segurança:</u> *é o responsável absoluto por toda a área de Segurança dentro da empresa. Reporta-se apenas à Presidência ou à Direção Geral.*
> c. <u>Supervisor de Segurança:</u> *é o responsável pelos turnos de trabalho na área de Segurança, que deve ser desenvolvida durante as 24 horas do dia.*

d. *Vigilante:* Trabalha nos mais variados ambientes, como recepção, garagem, corredores e outras instalações da empresa.
e. *Pessoal de apoio:* composto por técnicos e engenheiros, capazes de agir em situações como quedas de energia elétrica, falhas nos sistemas de comunicação, danificação de equipamentos de segurança, ou qualquer outra missão técnica que lhes seja solicitada pelo Gestor de Segurança.
f. *Pessoal de emergência:* composto por médicos, socorristas, bombeiros, e outros profissionais, capazes de atender prontamente a situação como acidentes, incêndios, desabamentos e outras situações de crise ou emergência.

Com base no exposto por Soares (2018), elaboramos a Figura 3.2, que demonstra mais didaticamente como se organiza tipicamente o organograma de um departamento de segurança:

Figura 3.2 – Estrutura típica de um organograma de um departamento de segurança

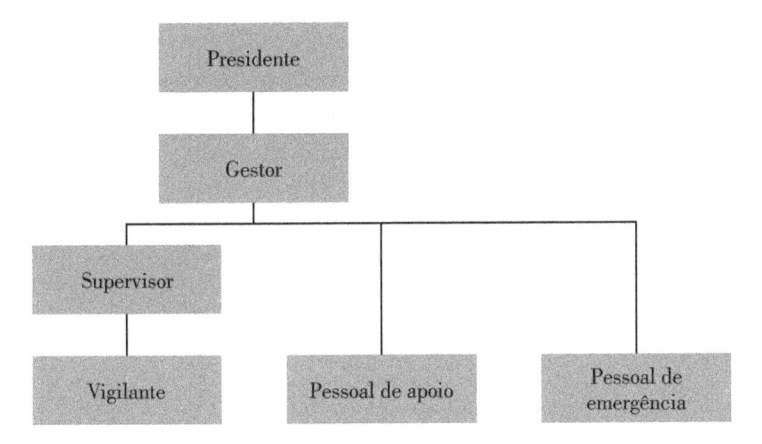

```
          Presidente
              |
            Gestor
        _____|_____
        |               |               |
   Supervisor    Pessoal de apoio   Pessoal de
        |                           emergência
   Vigilante
```

Fonte: Elaborado com base em Soares, 2018.

3.5 Central de segurança

É necessário que o departamento de segurança* apresente **central de segurança**, isto é, um local onde devem estar centralizados todos os serviços de segurança. O gestor de segurança deve ser o responsável por organizar e dirigir essa central, e cabe à equipe de especialistas sob sua coordenação e supervisão operá-la.

A central de segurança, de acordo com Soares (2018, p. 39), deve dispor dos seguintes recursos:

> » *Monitoramento eletrônico de todas as áreas e dependências da empresa, através de alarmes, sensores e circuito fechado de TV.*
> » *Controle das tubulações de água, ar-condicionado, centrais de energia elétrica e elevadores.*
> » *Controle do som ambiente com canal exclusivo para avisos sobre incêndios, emergências e situações de crimes ou violências.*
> » *Central de Alarmes contra furtos, assaltos, incêndios e outras emergências.*
> » *Central de radiocomunicação, envolvendo o pessoal de segurança e todas as áreas da empresa.*
> » *Linhas exclusivas de telefone, independentes da central telefônica e de telefonistas.*
> » *Burocracia interna da gerência de segurança.*

---

* No "Anexo 2", você encontrará um exemplo de organização de um departamento de segurança patrimonial.

Síntese

Neste capítulo, buscamos apresentar uma visão panorâmica e introdutória acerca de alguns conceitos de administração úteis e aplicáveis à organização de um departamento de segurança orgânica, a fim de equipá-lo com os conhecimentos necessários para estabelecer, de forma estruturada, eficaz e eficiente, um adequado e equipado departamento de segurança.

Questões para revisão

1) Entre os critérios de departamentalização, qual é o que melhor se aplica ao departamento de segurança orgânica empresarial?

2) Qual é a importância do organograma para a organização do departamento de segurança empresarial orgânica?

3) No que consiste a central de segurança de um departamento de segurança?

4) Assinale a seguir a alternativa **incorreta** a respeito da departamentalização:
   a. *Departamento* é a área, divisão ou segmento distinto de uma empresa sobre a qual um administrador tem autoridade para o desempenho de atividades específicas.
   b. Seu estudo é útil para alocar, da melhor forma possível – isto é, da forma mais eficiente –, os recursos e as pessoas, bem como para encontrar formas de melhor administrá-los dentro da estrutura global da empresa.
   c. Trata-se de um vetor para obter homogeneidade entre as tarefas de cada setor, o que só pode ser atingido quando

todos estão executando o mesmo trabalho, no mesmo processo, para as mesmas pessoas e em um mesmo local.
d. A divisão de tarefas entre os vários departamentos de uma empresa se pauta em princípios denominados *critérios de departamentalização*. Via de regra, as empresas se valem de apenas um deles para estabelecer as responsabilidades especializadas nas unidades da estrutura organizacional.
e. São princípios da departamentalização o do maior uso, o do maior interesse, o da separação e controle e o da supressão e coerência.

5) Assinale a seguir a alternativa **incorreta** a respeito da departamentalização do processo de organização da empresa:
   a. A autoridade exercida por cada pessoa é determinada estabelecendo-se uma hierarquia.
   b. Para organizar uma empresa, um departamento ou qualquer outro processo que inclua relações interpessoais, é preciso que o gestor estabeleça algumas funções básicas.
   c. O processo de organização da empresa não passa necessariamente pela decisão de centralizar ou descentralizar as suas atividades.
   d. A área de organização, sistemas e métodos (OSM) tem como compromisso fundamental o de executar as atividades de levantamento, análise, elaboração e implementação de sistemas administrativos na empresa.
   e. A área de organização, sistemas e métodos (OSM) tem os objetivos de desenvolver ou aprimorar métodos de trabalho; agilizar a execução das atividades; suprimir tarefas em duplicidade; padronizar e aprimorar o controle; gerenciar processos e resolver patologias organizacionais.

6) As alternativas a seguir correspondem a consequências do estabelecimento de uma estrutura organizacional adequada, **exceto**:
   a. Responsabilidades.
   b. Lideranças.
   c. Motivações.
   d. Organização de funções, informações e recursos.
   e. Ambiente estritamente formal.

Questão para reflexão

1) De que maneiras o gestor de segurança operacional pode aumentar a eficácia e a eficiência do departamento de segurança por meio das ferramentas apresentadas no presente capítulo?

Para saber mais

Caso queira aprofundar os estudos sobre departamentalização e organização da empresa, recomendamos a leitura da seguinte obra: CHIAVENATO, I. **Introdução à teoria geral da administração**: uma visão abrangente da moderna administração das organizações. 7. ed. rev. e atual. Rio de Janeiro: Elsevier, 2003.

Sobre o departamento de segurança *per se*, indicamos a seguinte leitura:

SOARES, P. L. **Organização, planejamento e administração de segurança empresarial**. Disponível em: <http://calameo.download/0051175175af0d9077331>. Acesso em: 25 abr. 2018.

IV

Gerenciamento e controle de riscos

Conteúdos do capítulo:

» Riscos e perigos passíveis de serem gerenciados e controlados.
» Origens dos riscos.
» Fases do gerenciamento e controle de riscos.
» Gerenciamento de crise.

Após o estudo deste capítulo, você será capaz de:

1. compreender o objetivo do gerenciamento e controle de riscos;
2. dominar os conceitos de risco, perigo e áreas sensíveis;
3. elaborar um plano de gerenciamento e controle de risco;
4. aplicar as noções de gerenciamento de crises, entendendo suas peculiaridades.

Para a compreensão do processo de gerenciamento e controle de riscos, é necessário, primeiramente, conhecer alguns conceitos fundamentais.

Entende-se por **risco** a oportunidade de ocorrência do perigo ou de seus resultados nocivos, sendo seu nível expresso em probabilidade e gravidade. Já **perigo** se refere a qualquer condição, real ou potencial, que tenha a aptidão de gerar danos à pessoa física ou jurídica ou de ensejar o insucesso de uma missão.

Assim sendo, o gerenciamento e controle de riscos é, em suma, um processo de identificação e controle dos perigos, a fim de que a empresa proteja todas as **áreas** ou **pontos sensíveis** e diminua a possibilidade de suas atividades virem a ser prejudicadas, seja por paralisação ou pelo encolhimento dos trabalhos. Contudo, ele não é apropriado a todas as missões ou ambientes. Portanto, cabe ao gestor de segurança analisar a pertinência de sua aplicação conforme a situação da organização.

O processo de gerenciamento e controle de riscos é a ferramenta pela qual o gestor de segurança pode verificar o bom funcionamento do planejamento estratégico da área, focando nas reais e específicas necessidades de cada organização. Para bem manejar essa ferramenta, é preciso conhecer os diferentes tipos de riscos.

4.1 Classificação dos riscos

Conforme exposto, *risco* denota a relação entre a probabilidade de ocorrência de um acidente e a possibilidade de que tal acidente gere resultados prejudiciais, considerando a sua eventualidade. Para efeitos didáticos, os riscos, em termos de segurança, podem ser classificados, de acordo com a sua origem, em **humanos**, **técnicos** ou **incontroláveis**.

Os **riscos humanos** são aqueles oriundos das condutas perpetradas pelas próprias pessoas, tais como: delitos em geral (furtos, roubos, sabotagens, sequestros etc.); delitos advindos de atuação negligente, imprudente ou com imperícia, especialmente dos indivíduos que fazem parte do quadro funcional da empresa; acesso não autorizado a redes e instalações (especialmente, redes de informática).

Já os **riscos técnicos** encontram a sua gênese, via de regra, nas falhas de manutenção, no uso inadequado de equipamentos e máquinas e nas falhas mecânicas. Por mais que o elemento humano possa ter alguma influência na ocorrência de um risco técnico, ela é secundária, pois esse risco é verificado primariamente pelas condições próprias de equipamentos e máquinas, bem como por sua utilização e funcionamento. Tais riscos implicam o perigo de incêndios, explosões, interrupção nas instalações elétricas, climatização deficiente, emissões magnéticas e radioativas, poeiras químicas, entre outros eventos.

Por fim, os **riscos incontroláveis** dizem respeito àqueles que são causados pela ação da natureza, como inundações, secas, vendavais, ciclones, raios, terremotos etc., para os quais a atuação humana, os equipamentos e as máquinas não concorrem.

4.2 Etapas

De acordo com Diógenes Dantas Filho (2004, p. 100), o processo de gerenciamento e controle de riscos pode ser dividido em cinco etapas: identificação do perigo; avaliação do perigo; desenvolvimento de controles; implementação de controles; supervisão.

Nos itens a seguir, apresentamos cada uma dessas etapas, com suas respectivas divisões, embasadas na obra *Segurança e planejamento*, de Dantas Filho (2004).

4.2.1 Identificação do perigo

A identificação do perigo consiste no reconhecimento de todas as ameaças às pessoas e instalações da organização, levando em conta as circunstâncias presentes, os cenários futuros, o meio ambiente e os conhecimentos prévios das áreas em questão.

Os perigos devem ser identificados pela análise de alguns fatores, que serão apresentados nos itens a seguir.

▇ Fatores de decisão

O primeiro fator que deve ser analisado quando da identificação de perigos é a **missão**, que pressupõe a verificação das ameaças pertinentes às missões explícitas e implícitas. Deve-se fazer uma análise de tudo que está envolvido com o perigo, considerando as ações a serem tomadas e sua sequência, bem como as condições de execução, de modo a obter um panorama geral acerca dos objetivos e potenciais perigos acerca da missão.

O segundo fator a ser considerado é o **inimigo** (concorrente, adversário ou oponente). A empresa deve estar ciente das habilidades e aptidões desse inimigo, no que concerne ao grau de treinamento e aos recursos, letais ou não, de que este dispõe.

O terceiro fator é o **ambiente**, que diz respeito à verificação das condições gerais de trabalho em uma empresa e pode ser repartido em quatro categorias:

1. **Físico ou terreno**: demanda a análise, tanto sob a perspectiva do potencial agressor quanto do defensor, da posição geográfica da organização, dos campos de observação e de tiro, dos abrigos para proteção, bem como de obstáculos, acidentes

do terreno (importantes e dominantes), caminhos ou vias de acesso e condições atmosféricas.
2. **Psicossocial**: compreende o estudo do perfil da população em geral, tanto dos colaboradores da empresa quanto dos arredores das instalações.
3. **Econômico-financeiro**: engloba o conhecimento da cosmovisão e da situação econômica vigente em um determinado momento, levando em conta a forma como esta pode afetar as questões de segurança da empresa.
4. **Político**: refere-se a uma análise tanto do corpo legislativo em vigência quanto da legislação específica da área de atuação da empresa, considerando as implicações legais em relação à tomada de decisões.

O quarto fator é atinente aos **meios**, acerca dos quais, cumpre analisar as condições dos recursos acessíveis ou disponíveis à empresa, considerando o nível técnico e de treinamento, a capacidade de absorção, a qualidade e o estado de equipamentos, materiais, armamentos e pessoal.

O quinto fator concerne ao **tempo**. Representa a necessidade de a organização verificar a quantidade e a qualidade de tempo disponível para investir em planejamentos e simulações.

Por fim, o sexto fator é a **opinião pública**. A comunicação social cumpre papel relevante na prevenção de erros de atendimento e, de modo geral, é um canal de comunicação direta com as pessoas, o que aumenta as chances de sucesso das tarefas empreendidas. Assim, tanto em relação às atividades gerais da empresa quanto às atividades específicas do setor de segurança, a organização deve determinar se a opinião pública lhe é ou não favorável.

▌ Fatores causadores de acidentes

Os fatores que destacamos a seguir devem ser considerados pela organização quando da identificação de perigos, pois representam uma fatia substancial dos riscos:

» **Falha do material/equipamento**: trata-se das falhas mecânicas, isto é, referentes a equipamentos e materiais, as quais podem ser substancialmente reduzidas se a empresa adquirir recursos de boa qualidade e fizer sua correta verificação e manutenção.

Como exemplos, podemos citar a necessidade de fazer um controle periódico dos veículos sobre rodas, com adequada manutenção e verificação de defeitos (nos freios ou nos pneus, no sistema elétrico etc.), dos veículos e equipamentos sobre lagarta, bem como do armamento, verificando munições, possíveis desgastes das peças móveis, trincas ou quebras de peças etc.

» **Erro individual**: em termos gerais, os fatores causadores de acidentes têm origem no elemento humano, isto é, no erro individual, por negligência, imprudência ou imperícia. Tais acidentes, muitas vezes, são motivados pela escolha deliberada, por parte dos funcionários, de não seguir os padrões de segurança estabelecidos, a despeito de terem treinamento pertinente, bem como por características e estados de ânimo (como passividade, confiança excessiva e cansaço) e pelo consumo de substâncias que alteram a percepção normal (como drogas, medicações e bebidas alcoólicas).

O erro individual pode até mesmo ocorrer por parte da chefia ou liderança, quando os líderes deixam de observar os padrões de segurança e, assim, não supervisionam as unidades que comandam, negligenciando as verificações necessárias e rotineiras a serem realizadas pelo alto escalão, o que contribui sobremaneira para causar acidentes.

A ocorrência de erros individuais causadores de acidentes também está relacionada a deficiências nos treinamentos realizados pela empresa, o que pode significar a precariedade no adestramento e a falta de aprimoramento do pessoal. Porém, esses erros também podem ser potencializados pelas condições particulares de cada colaborador, tais como deficiências escolares e intelectuais e falta de experiência, por exemplo.

Da mesma forma, os padrões e as normas gerais de ação também podem se tornar fatores de perigo que contribuem para o cometimento de erros individuais, uma vez que se não forem devidamente adequados, prevendo claramente as ações a serem executadas, deixarão de ser praticados.

Por fim, falta de apoio ao pessoal (que pode ser exemplificada pela omissão no fornecimento de equipamentos próprios, recursos e meios), manutenção inadequada ou insuficiente e ausência de prioridades também são fatores que contribuem decisivamente para a ocorrência de erros humanos.

4.2.2 Avaliação do perigo

A etapa de avaliação do perigo diz respeito ao abalo que cada perigo é capaz de causar considerando-se o potencial de perdas e custos, pautado em suas probabilidades e gravidade.

Nessa fase, é preciso avaliar os riscos para os perigos identificados, especialmente aqueles que não se encontram controlados de forma adequada ou satisfatória.

Podemos classificar os **perigos** em: extremos (E); grandes (G); médios (M); e baixos (B).

Quanto à **probabilidade** de ocorrência de um acidente, esta pode ser entendida da seguinte forma: frequente – acontece continuamente; provável – ocorre em muitos casos; ocasional – de ocorrência esporádica; rara – tem pouca probabilidade de ocorrer; improvável – quando se pode presumir que não ocorrerá.

Já em relação à **gravidade** de um acidente, podemos adotar a seguinte gradação:

» **catástrofe**: quando ocasiona morte ou perda total de capacidade, perda de sistemas e danos elevados, levando ao fracasso da missão.

» **crítica**: quando gera perdas permanentes e parciais, danos em grandes sistemas e um significativo comprometimento da missão.

» **marginal**: quando o dano traz pouco comprometimento à missão, traduzindo-se em perdas ou ferimentos reduzidos.

» **insignificante**: quando o impacto no cumprimento da missão é nulo, não havendo quaisquer danos pessoais ou materiais consideráveis.

O Quadro 4.1, a seguir, traz a terminologia que apresentamos nesta seção e pode ser utilizado para enquadrar a avaliação dos riscos em função da probabilidade e da gravidade dos perigos.

Quadro 4.1 – Riscos versus probabilidades

Riscos *versus* probabilidades					
Gravidade	**Frequente**	**Provável**	**Ocasional**	**Rara**	**Improvável**
Catástrofe	E	E	G	G	M
Crítica	E	G	G	M	B
Marginal	G	M	M	B	B
Insignificante	M	B	B	B	B

Fonte: Dantas Filho, 2004, p. 104.

4.2.3 Desenvolvimento de controles

Fase do gerenciamento e controle de riscos na qual são elaboradas medidas de monitoramento tendo em vista a eliminação do perigo ou, ao menos, a redução do risco. Conforme tais medidas são desenvolvidas, o risco deve ser reavaliado, até que seja diminuído ao menor nível possível para a execução das atividades da empresa.

As balizas determinadas no regulamento de prevenção de acidentes da empresa necessitam ser empregadas e/ou aperfeiçoadas conforme os resultados da identificação e avaliação dos perigos.

Para atingir o objetivo de eliminar ou reduzir os riscos identificados, os controles devem ser práticos e vigorosos. Nesse sentido, denomina-se *risco residual* o nível de risco que remanesce mesmo depois da elaboração de todas as medidas de monitoramento e de seus aperfeiçoamentos, não havendo como se chegar a um nível mais baixo de risco.

Já por **risco calculado** entende-se a decisão pessoal do diretor de uma empresa em aceitar, ou não, correr determinado risco associado a uma ação.

4.2.4 Implementação de controles

A etapa de implementação de controles constitui o **momento de execução** das medidas de controle anteriormente planejadas para reduzir ou eliminar os riscos, sendo uma fase totalmente prática.

As normas, em sua totalidade, devem constar em documento específico, e todos os integrantes da empresa devem tomar conhecimento delas, por meio de sessões de instrução.

4.2.5 Supervisão

Consiste na consecução da análise da efetividade das balizas estabelecidas, sendo a última etapa do processo de gerenciamento e controle de riscos, o qual perpassa todo o processo. Caso se constate que a efetividade não esteja satisfatória, será preciso realizar ajustes e adaptações a fim de permitir a adoção de medidas imprescindíveis à realização de um controle realmente eficaz.

Dessa forma, cada controle deverá ser monitorado e supervisionado. É interessante também fazer uma nova avaliação do processo após um tempo determinado ou após o cumprimento de uma missão, por exemplo, para verificar sua efetividade e, se necessário, proceder a novos aprimoramentos.

4.3 Gerenciamento de crises

As organizações se encontram expostas a eventos de anormalidade e tensão, de maior ou menor intensidade. Ou seja, mesmo após o planejamento e a execução do processo de gerenciamento de riscos, a empresa poderá ser vítima de uma crise, por qualquer motivo, independentemente das previsões.

Por isso, é imprescindível também elaborar um projeto de gerenciamento de crises, que consiste em uma atividade voltada à minimização ou redução (quando não for possível a total eliminação) dos impactos acarretados por essas adversidades, a fim de que o prejuízo financeiro e reputacional da empresa seja o menor possível.

O gerenciamento de crises consubstancia um processo abrangente que inclui todos os setores da organização e seus respectivos gestores. Nessas circunstâncias, é recomendável a formação de um comitê, com a indicação de um líder responsável pela coordenação da equipe durante o momento de contingência. Esse comitê deverá estabelecer as medidas a serem tomadas com base em um manual de combate às crises previamente elaborado. E como essas crises são diretamente ligadas a questões de segurança, o manual deverá ser elaborado pelo gestor de segurança.

Em suma, seguindo o protocolo previsto no plano e diante da complexidade e dos riscos envolvidos, as funções da segurança privada no gerenciamento efetivo de crises são isolar a área, assegurar a maior segurança possível e fazer o controle das instalações da empresa. Além disso, também é responsabilidade da segurança privada realizar as negociações preliminares, caso seja necessário, a fim de evitar a propagação de maiores danos à incolumidade física de pessoas, instalações e dados etc., até que a autoridade pública competente assuma o controle da situação.

A exploração das crises por parte dos concorrentes é uma prática recorrente, razão pela qual a importância das ações de inteligência e comunicação social vem crescendo cada vez mais, pois tais ações poderão ser realizadas inclusive depois do controle do episódio, a fim de neutralizá-lo e de impedir a sua repetição.

4.3.1 Conceito de crise

Ao longo dos anos, a palavra *crise* passou por um processo de banalização. Por isso, é muito frequente nos depararmos com ela, seja em conversações, nos noticiários da televisão ou em páginas de jornais. Contudo, segundo Couto (2003), a etimologia do vocábulo indica origem na expressão grega *krinein*, que significa "decidir" ou, mais acuradamente, "a capacidade de fazer um bom julgamento", sendo que o termo foi utilizado pela primeira vez no campo da medicina. Tal noção continua válida também para empresas e organizações, tendo em vista que, conforme observa Couto (2003, p. 1, grifo do original), "na essência do termo 'crise' está uma qualidade – mais arte do que ciência – definida como 'a capacidade de bem julgar'".

Contudo, para fins mais específicos, podemos definir *crise* como qualquer incidente ou situação crítica fora da praxe, que demanda reação especial da polícia, visando possibilitar um desfecho admissível, em virtude da chance de agravamento conjuntural, até mesmo com risco à vida ou à incolumidade física das pessoas envolvidas, podendo se manifestar das mais diversas formas: roubos com reféns; sequestros; atos de terrorismo; tentativa de suicídio, entre outros episódios de grande destaque.

Em 2002, o Gabinete de Segurança Institucional, que até 2015 foi o órgão responsável pela assistência direta e imediata ao presidente da República no assessoramento em assuntos militares e de segurança, conceituou crise da seguinte forma: "Fenômeno complexo, de diversas origens possíveis, internas ou externas ao País, caracterizado por um estado de grandes tensões, com elevada possibilidade de agravamento – e risco de sérias consequências –, não permitindo que se anteveja com clareza o curso de sua evolução" (Couto, 2003, p. 2, grifo do original).

4.3.2 Características da crise

Independentemente de consistir em um evento de natureza criminosa ou não, uma crise sempre demandará uma resposta específica, visando garantir um resultado razoável.

Por serem constituídas de eventos críticos, as crises são marcadas pelas características que elencamos a seguir:
» **Imprevisibilidade**: significa que a crise pode acontecer a qualquer momento e acometer qualquer pessoa ou instituição, em qualquer local e hora, sendo, portanto, não seletiva e inesperada. Seu advento é esperado, porém, imprevisto. Por isso, o setor de segurança deve estar preparado com antecedência para enfrentar quaisquer eventos críticos.

» **Compressão de tempo (urgência)**: a tomada de decisão deve ser rápida e precisa, considerando as complexidades que envolvem o incidente – sejam elas de matiz social, econômico, político ou ideológico – e os riscos potenciais na preparação de planos preventivos de ação para cada circunstância.

» **Ameaça de vida**: um elemento fundamental do evento crítico, ainda que a vida em risco seja a do próprio indivíduo causador da crise e que não haja outras vidas em perigo – como acontece, por exemplo, no caso de ameaça de suicídio.

» **Necessidade de postura organizacional não rotineira**: diz respeito à consciência de que a crise demanda uma mudança na forma de organizar as atividades de segurança. Sem dúvida, de todas as características essenciais, essa é a que tem o maior potencial de causar transtornos ao processo de gerenciamento, especialmente quando não são empreendidos esforços suficientes de planejamento prévio. Todavia, também é a única que pode ter seus danos reduzidos através de treinamento adequado.

» **Planejamento analítico especial e capacidade de implementação**: refere-se à habilidade de o gerente da crise mobilizar os recursos necessários para solucioná-la. Não devemos nos esquecer, contudo, de que a análise e o planejamento, durante uma crise, são significativamente dificultados por fatores que decorrem dela, como insuficiência de informações sobre o evento crítico, intervenção da mídia e tumulto das massas.

» **Considerações legais especiais**: ao tomar conhecimento de uma crise, a principal questão a ser considerada pelo gestor deve ser: sobre quem recai a responsabilidade pelo gerenciamento? A resposta a esse questionamento demanda uma adequada interação entre os chefes da área de segurança e as autoridades responsáveis pelas organizações policiais da região onde a organização se localiza. Assim, no que concerne às considerações legais especiais exigidas pelos eventos críticos, em primeiro lugar entra a questão da competência para atuar, seguindo-se as questões atinentes a temas como estado de necessidade, legítima defesa, estrito cumprimento do dever legal, responsabilidade civil etc.

4.3.3 Negociação

Podemos afirmar que o melhor meio para gerenciar uma crise é através da *negociação*, termo que se origina do latim – *negotiare* e *necotio* –, remontando ao que se pode compreender como a *negação do ócio*, com a conotação de uma ocupação produtiva e produtora de que traz um proveito positivo e satisfatório.

Segundo Eugênio do Carvalhal (citado por Dantas Filho, 2004, p. 113), a negociação é "um processo em que duas ou mais partes, com interesses comuns e antagônicos, reúnem-se para confrontar e discutir propostas explícitas com o objetivo de alcançar um acordo". Para tanto, devem ser observadas determinadas etapas e ações detalhadamente estabelecidas, sendo que o planejamento e a execução eficiente dessas fases serão, necessariamente, de responsabilidade de pessoas especializadas e habilitadas em administração de crises.

O planejamento da negociação abarca a sua preparação e deve abordar todos os fatores de decisão, bem como o ambiente, o cotejo de forças de poder, o estabelecimento de responsabilidades e, havendo a possibilidade, a realização de treinamentos que simulem a negociação.

A execução da negociação, por sua vez, pressupõe a verificação de sondagens. Nessa fase, devem ser realizadas investigações preliminares, a formalização do acordo, a realização do acompanhamento e a avaliação das condições negociadas.

Para atuar como negociador, um indivíduo deve apresentar, entre outras características desejáveis, os atributos de ser paciente e bom ouvinte, além de deter conhecimento acerca do tema em pauta, capacidade de convencimento e expressão de ideias, bem como equilíbrio emocional.

Para casos em que há reféns, o gerenciamento da crise deve obrigatoriamente passar pela força policial, que dispõe de agentes especializados em negociar em situações dessa natureza. Em tais circunstâncias, a negociação deve ter início com a maior agilidade possível, pois passa a ser uma maneira não mais de solucionar a crise, mas de contê-la, isolando o seu núcleo central a fim de ganhar tempo para futuras ações.

Considerando que a segurança pública é um dever estatal que objetiva a manutenção da ordem pública e a incolumidade das pessoas e do patrimônio, conforme exposto no art. 144 da Constituição Federal (Brasil, 1988), os órgãos policiais se estruturaram e se especializaram para agir de acordo com a natureza das ocorrências. Nesse sentido, a Polícia Civil atua em situações de crise com emprego de grupos de resgate. Por sua vez, a Polícia Militar conta com grupos de ações táticas que atuam em ocorrências com reféns e explosivos. E para acionar qualquer um desses grupos, basta entrar em contato com a central de operações de cada órgão.

Síntese

Neste capítulo, abordamos o gerenciamento e controle de riscos, examinando suas generalidades, como os conceitos de risco, de perigo e de áreas ou pontos sensíveis. Também discutimos a forma de classificar os riscos, dividindo-os em humanos, técnicos e incontroláveis.

Em seguida, analisamos as etapas ou fases do gerenciamento e controle de riscos, considerando em que consiste cada uma: identificação do perigo; avaliação do perigo; desenvolvimento de controles; implementação de controles; supervisão.

Por fim, estudamos o gerenciamento de crises com base na definição de *crise* e na análise de suas características, de sua forma de desencadeamento e de suas ferramentas de negociação.

Questões para revisão

1) Em que consistem *risco, perigo* e *pontos sensíveis*?
2) Qual é o objetivo do gerenciamento e controle de riscos?
3) Em que o gerenciamento de crises difere do gerenciamento e controle de riscos normais?
4) As alternativas a seguir apresentam as etapas do gerenciamento e controle de riscos, **exceto**:
    a. Identificação do perigo.
    b. Avaliação do perigo.
    c. Desenvolvimento de controles.
    d. Treinamento da equipe de segurança.
    e. Supervisão.
5) Assinale, a seguir, a alternativa correta com relação ao gerenciamento de crises:
    a. Garante que a empresa não sofra nenhum impacto em razão do evento crítico.
    b. É efetivado independentemente do estabelecimento de políticas, procedimentos, alocações de responsabilidade, bem como da organização de informações.
    c. Uma crise sempre afeta diretamente as pessoas ou a imagem da empresa.
    d. Não compete ao gestor de segurança a divulgação de notícias ou emissão de notas à imprensa em nome da empresa.

    e. O acionamento dos órgãos de segurança pública, se necessário, deve ser efetuado diretamente pelo alto escalão da empresa.

6) Sobre a gestão de crises, indique a alternativa correta:
    a. Qualquer empregado da empresa está apto a gerenciar crises.
    b. O estabelecimento de políticas e procedimentos de gerenciamento já é o suficiente para combater as crises.
    c. A expansão de uma crise pode ser evitada pela execução de um planejamento prévio.
    d. O deslocamento de toda a força de trabalho disponível para atendimento aos locais críticos deve ser a primeira providência a ser tomada quando do evento de uma crise.
    e. Durante uma crise, todas as oportunidades de contato com a imprensa devem ser aproveitadas pela organização.

Questão para reflexão

1) Considerando as principais características da crise, quais seriam as maiores dificuldades encontradas pelo gestor de segurança quando da elaboração de um plano de ação?

Para saber mais

Caso queira aprofundar os estudos sobre gerenciamento e controle de riscos e gerenciamento de crises, recomendamos a leitura desta obra:
DANTAS FILHO, D. **Segurança e planejamento**. Rio de Janeiro: Ciência Moderna, 2004.

V

Conteúdos do capítulo:

» Panorama geral do planejamento estratégico.
» Preceitos fundamentais.
» Método e processo.
» Avaliação das conjunturas interna e externa.

Após o estudo deste capítulo, você será capaz de:

1. determinar para que se presta um planejamento estratégico;
2. dominar as diferenças e os pontos de contato entre os diversos tipos de planejamento;
3. analisar os princípios aplicáveis ao planejamento estratégico;
4. aplicar a metodologia e o processo do planejamento estratégico;
5. compreender as ferramentas necessárias para proceder a uma análise de conjunturas.

Planejamento estratégico

O planejamento estratégico é uma ferramenta de gestão que auxilia a tomada de decisão para a formulação de estratégias. Embora alguns autores tratem os termos de maneira sinônima, análoga ou intercambiável, o *planejamento estratégico* não deve ser confundido com *administração estratégica* nem com *gestão estratégica*.

A administração estratégica é um processo contínuo e interativo que permite à organização se preparar para o futuro, desenvolvendo uma cultura de pensamento estratégico (Certo; Peter, citados por Ota, 2014). Portanto, por mais que seja o elemento central da administração estratégica, o planejamento estratégico não é o seu único componente.

De acordo com Ansoff (citado por Ota, 2014), enquanto o **planejamento estratégico** é um processo fundamentalmente analítico da situação interna e externa para uma tomada de decisão ótima, a **administração estratégica** preocupa-se com a produção de resultados estratégicos, a partir da análise dos fatores empresariais, econômicos e tecnológicos, além das variáveis psicológicas, sociológicas e políticas para a formulação e implementação de estratégias organizacionais.

Conforme esclarecem Certo e Peter (citados por Ota, 2014, p. 39):

> a *Administração Estratégica conduz à identificação de qualquer necessidade de redefinição na natureza do negócio; à visualização do futuro para alertar a organização quanto à possibilidade de haver ajustes em resposta à mudança no ambiente; e, por fim, à ordenação das prioridades dentro do cronograma do plano, o que torna mais efetiva a alocação de tempo e recursos; melhora da canalização dos esforços para a realização de objetivos predeterminados, uma vez que permite que os administradores tenham uma clara visão do negócio.*

Já a **gestão estratégica**, ainda conforme o exposto por Ota (2014), foca-se na busca pela vantagem competitiva, demandando que a empresa esteja permanentemente em transformação e ciente das aceleradas mudanças ambientais. Suas características são: "a visão estratégica, o alinhamento com a missão da organização, a adaptação à tendência de globalização, domínio da tecnologia da informação e a mudança como fator de oportunidade" (Grant, citado por Ota, 2014, p. 39).

5.1 Definições e generalidades

Um planejamento consiste no processo racional de estabelecimento de prioridades e metas, considerando as formas de alcançá-las, partindo-se do conhecimento da missão da organização (cujo caráter é imperativo). É no planejamento que devem ser definidas, também, tanto a finalidade quanto as condições de execução.

Dessa forma, trata-se de "um processo desenvolvido para alcançar uma situação desejada de um modo mais eficiente, eficaz e efetivo, com a melhor racionalização de esforços e recursos pelo planejador. Não deve ser confundido com previsão, projeção, predição, resolução de problemas ou planos" (Oliveira, citado por Dantas Filho, 2004, p. 115-116).

Previsão se refere à energia dedicada à análise dos incidentes que poderão ocorrer, a partir do registro de uma sequência de probabilidades. Por sua vez, projeção representa a conjuntura de que o futuro tende a ser, em sua estrutura elementar, equivalente ao passado; enquanto a predição atesta que, embora o futuro tenda a se manter semelhante ao passado, a organização não detém nenhum controle sobre seu processo e desenvolvimento.

Já a resolução de problemas diz respeito às questões imediatas que demandem correções para descontinuidades e desajustes entre a organização e as demais forças que lhe são externas e potencialmente significativas.

Por fim, o plano consubstancia a materialização do planejamento, isto é, refere-se a um documento formal pelo qual as informações e atividades desenvolvidas durante o processo de planejamento devem ser consolidadas. Logo, podemos assumir que o plano é o limite da formalização do planejamento.

Assim, o planejamento procura fornecer à empresa uma situação de eficiência, eficácia e efetividade. Entende-se por **eficiência** o cumprimento dos deveres, a resolução de problemas, o ato de agir conforme o esperado, a realização de tarefas de maneira apropriada, a economia dos recursos aplicados e a minimização de custos.

Já a **eficácia** corresponde à qualidade de não apenas realizar as coisas de modo correto, mas também de criar alternativas criativas, angariar recursos, maximizar o emprego desses recursos e incrementar o lucro.

Por sua vez, a **efetividade** se refere à manutenção do ambiente e à apresentação de resultados globais positivos, de forma perene, no decorrer dos anos.

Assim, o planejamento estratégico, influenciado pelo processo de planejamento militar, é útil tanto às modernas empresas públicas como às privadas.

Cronologicamente, a atividade de planejamento é anterior às de organização, de comando e de controle. Por isso, deve se fazer presente e alcançar todos os setores da empresa, de forma integrada, coordenada e constantemente atualizada.

Por meio do planejamento, é possível vislumbrar um futuro desejável, com base nos valores primordiais que a empresa busca manter ou atingir dentro de um determinado espaço de tempo, bem como fixar políticas e estratégias levando-se em conta o conhecimento do ambiente, tanto interno quanto externo, e em sua evolução esperada.

Nesse sentido, chamamos de *política* o ato de estabelecer a forma de agir; enquanto a maneira de atingir o que se espera é determinado pela estratégia.

De acordo com Dantas Filho (2004, p. 117): "a palavra estratégia tem sido empregada diferentemente da sua origem. Assim, quando se fala em planejamento estratégico, normalmente significa planejamento abrangente, realizado pela cúpula da empresa, que norteia os demais planejamentos (tático e operacional)".

Há muito tempo, a humanidade tem se valido do planejamento estratégico com vistas à consecução de seus mais variados objetivos, conforme podemos depreender a partir de estudos históricos. Por exemplo: podemos citar os casos de Sun Tzu – autor de *A arte da guerra*, que, desde 500 a.C., já fazia uso do planejamento estratégico –, bem como de Alexandre, o Grande, e Napoleão Bonaparte.

Por ser na maioria das vezes empregada pelos generais, a estratégia acabou ficando conhecida como a ***arte dos generais***.

Em termos administrativos e empresariais, o planejamento estratégico corresponde ao mais alto nível de decisão da empresa. É por meio dele que os setores executivos das empresas podem determinar a direção da organização, a fim de que ela conquiste ou melhore seu nível de otimização. Por tal razão, o planejamento estratégico normalmente é de longo prazo e de maior amplitude, além de ser de risco mais elevado do que os planejamentos tático e operacional.

Para que a identificação de ameaças e oportunidades possa permitir a definição da política empresarial, o planejamento deverá se basear nos dados fornecidos pelo setor de inteligência, concernentes ao ambiente competitivo, ao cenário e às medidas sigilosas a serem tomadas pelos líderes de setores. Essa atividade também necessita das pessoas que formarão o núcleo central do projeto, programa ou empreendimento. Estas devem estar devidamente capacitadas para organizar e permitir a condução do planejamento.

O planejamento tático é desenvolvido no nível intermediário da empresa, isto é, não é realizado pelo seu alto escalão. Seu conteúdo é pormenorizado e visa aprimorar os meios empregados na consecução dos objetivos levantados no planejamento estratégico. Assim, podemos perceber que estratégia e tática são inseparáveis. São utilizadas rotineiramente na elaboração de planos ou tomadas de decisões, tanto em âmbito profissional quanto pessoal.

Por fim, o planejamento operacional, por ser executado pela maior parte do quadro funcional da empresa, deve ser ainda mais pormenorizado e explicativo, sem, contudo, deixar de ser mais flexível do que o tático e o estratégico.

O Quadro 5.1, apresentado a seguir, elaborado por Diógenes Dantas Filho (2004, p. 119), demonstra de forma didática as diferenças entre os planejamentos estratégico, tático e operacional.

Quadro 5.1 – Planejamento estratégico versus planejamento tático versus planejamento operacional

Níveis	Estratégico	Tático	Operacional
Decisões	Estratégico	Tático	Operacional
Planejamento	Estratégico	Tático	Operacional
Prazo	Longo	Médio	Curto
Amplitude	Mais ampla	Ampla	Menos ampla
Conteúdo	Sintético	Detalhado	Detalhado e explicativo
Flexibilidade	Pouca	Razoável	Muita
Risco	Muito	Razoável	Pouco

Fonte: Dantas Filho, 2004, p. 119.

5.2 Princípios

Segundo Dantas Filho (2004, p. 120-121), há nove princípios que devem ser observados quando da realização de um planejamento estratégico, quais sejam: objetividade, segurança, ofensiva, simplicidade, surpresa, unidade de comando, massa, economia de força e manobra.

Objetividade, na definição contida na versão *on-line* do Dicionário Brasileiro da Língua Portuguesa Michaelis, é a "qualidade de atitude ou de disposição de espírito daquele que vê as coisas como elas são, daquele que está isento de parcialidade, daquele que não se deixa influenciar por preferências, sentimentos pessoais etc." (Objetividade, 2018). Assim, no que tange ao planejamento estratégico, o **princípio da objetividade** dispõe que o objetivo seja traçado de forma clara e bem delimitada.

Já o **princípio da segurança** define as medidas imprescindíveis para garantir que a empresa detenha um alto grau de inviolabilidade contra influências ou atos hostis, tanto de origem interna quanto externa, visando evitar, por exemplo, quaisquer atos considerados ilícitos, como espionagem, observação das instalações, pessoas e rotinas, bem como inquietações e comoções que possam prejudicar a organização.

Pelo **princípio da ofensiva**, garante-se à empresa a autonomia necessária para que, diante de uma circunstância inesperada, seu departamento de segurança aja sem dar brechas ao adversário, impondo sua vontade e atingindo seus objetivos, a partir do recebimento de informações advindas da contrainteligência.

O **princípio da simplicidade**, por sua vez, estabelece que a melhor opção é escolher o modelo mais simples de planejamento, uma vez que ordens claras e concisas facilitam a compreensão e contribuem para evitar equívocos de sentido ou ambiguidades, permitindo, assim, uma atuação consciente e consistente por parte de todos.

O **princípio da surpresa** é empregado amplamente quando se trata de inteligência e contrainteligência. A efetividade desse princípio depende de duas variáveis: de um lado, o recebimento do máximo possível de informações; de outro lado, a transmissão dessas informações no menor tempo possível. Cumpridas essas condições, a empresa pode proteger seus reais propósitos, mantendo certa distância de seus concorrentes, os quais, por sua vez, não terão tempo hábil para planejar quaisquer ofensivas.

Pelo **princípio da unidade de comando**, sustenta-se que a totalidade das áreas envolvidas no planejamento estratégico esteja sob a égide de uma coordenação única. Portanto, apenas uma pessoa deve responder, ao fim e ao cabo, pelo resultado do planejamento, a fim de assegurar que haja respostas adequadas a toda e qualquer investida ameaçadora à organização.

O **princípio da massa** pressupõe que uma equipe bem treinada e capaz de se fazer presente em qualquer área da empresa, diante de um incidente de segurança, pode conquistar superioridade efetiva, ainda que seja numericamente inferior. Ou seja, embora o efetivo de homens possa ser menor que o de agressores, fatores como habilidade e preparo, aliados ao conhecimento das instalações da empresa, das medidas de segurança disponíveis e dos protocolos de atuação previstos no plano de segurança, podem levar a organização a ser bem-sucedida com a neutralização da ameaça ou sua satisfatória contenção.

O **princípio da economia de força** implica que a empresa deve gastar a menor quantidade possível de recursos nas questões que se distanciam dos objetivos principais expostos no planejamento. Esse princípio, portanto, reforça a necessidade de que a alocação de recursos humanos e técnicos se concentre, primordialmente, nas áreas de maior vulnerabilidade ou que estejam passando por incidentes de segurança.

Por fim, **o princípio da manobra** demanda que a reação da segurança da empresa ocorra de maneira coordenada e oportuna às circunstâncias dadas, exigindo flexibilidade de organização, apoio administrativo, comando e controle eficientes. Isso significa que a sinergia entre os diversos colaboradores que atuam com funções específicas de segurança deve ser satisfatória e permitir uma atuação rápida e eficaz diante dos diversos tipos de ameaça que possam surgir.

Nesse sentido, é importante que o elemento humano e a tecnologia operem conjuntamente, pois se a aplicação de aparato tecnológico resultar no encolhimento da atuação das equipes de segurança, o princípio da manobra sofrerá drástica mitigação.

Teanes Carlos Santos Silva (2013) nos apresenta dois exemplos disso: (1) após um roubo em um *shopping center* de São Paulo, percebeu-se que havia um grande volume de câmeras, centrais de alarmes, entre outros; contudo, havia um número reduzido de operadores, e estes não tinham treinamento adequado. Tais condições acabaram retardando o envio de alertas; (2) em uma grande operadora logística, instalada na Zona Oeste de São Paulo, o número do efetivo disponível era incompatível com o número de docas, portarias e acessos internos. Em certa ocasião, um vigilante deixou de flagrar um delito visualizado pelo operador do circuito fechado de televisão (CFTV), pois estava tão atarefado que acabou abordando as pessoas na doca errada e, consequentemente, no veículo errado. Em outras palavras, houve uma abordagem fora de tempo e malsucedida, motivada pela intenção do vigilante em ser ágil. Tal fato demonstrou a fragilidade da segurança da empresa, gerando insegurança e instabilidade interna.

5.3 Metodologia e processo

Metodologia é um vocábulo oriundo de *método*, do latim *methodus*, que pode ser compreendido como o caminho ou a via para a realização de algo. *Método*, por sua vez, refere-se ao processo por meio do qual se busca alcançar um determinado fim ou atingir certo conhecimento. Nesse sentido, metodologia é a esfera em que se estudam os métodos mais adequados praticados em certa área para a produção do conhecimento. Assim, podemos assumir que cada área possui uma metodologia própria.

No que diz respeito à metodologia de um planejamento estratégico, de modo geral, ela se consubstancia em:

» **Avaliação da conjuntura ou cenários**: implica a verificação do ambiente presente (externo e interno), a fim de que se possa estimar o ambiente futuro.

» **Determinação da política**: envolve a definição do que deve ser feito, por meio da fixação de valores, metas e objetivos a serem alcançados.

» **Definição da estratégia**: refere-se a estabelecer o "como fazer", isto é, a forma para alcançar o que foi previsto na determinação da política.

» **Orçar recursos para apoiar as ações estratégicas**: calcular e estimar os preços e custos do desenvolvimento das atividades determinadas.

» **Expedir as diretrizes**: remeter as instruções necessárias para o atingimento dos objetivos propostos de forma clara e precisa.

Conforme Schendel e Hofer (citados por Ota, 2014), o processo de planejamento estratégico se compõe de uma sequência lógica de ações, a saber: "a definição de missão; estabelecimento dos objetivos de longo prazo; análise de ambiente interno e externo; e formulação, implementação e controle da estratégia" (Ota, 2014, p. 27).

Sua implementação, geralmente, visa incentivar debates acerca de temas politicamente sensíveis, com os objetivos de: auxiliar na mudança ou no estabelecimento de um encaminhamento estratégico; elaborar balizas comuns de tomada de decisão para toda a empresa; proporcionar um ambiente adequado para decisões atinentes a orçamento e avaliações de desempenho.

Embora apenas a implementação do planejamento estratégico, por si, não seja o suficiente para assegurar o sucesso ou impedir o fracasso de uma empreitada, sua formulação pela organização incrementa sua probabilidade de se "estar no lugar certo e na hora certa" (Certo; Peter, citados por Ota, 2014, p. 37), além de ser útil para promover a coordenação entre as pessoas da empresa, tornando a estratégia menos instável diante de inquietações (Mintzberg, citado por Ota, 2014).

A formalização da estratégia gera um escopo e uma perspectiva de futuro compartilhados por toda a empresa, propiciando um ambiente de comprometimento coletivo para a realização dos objetivos, além de comunicar ao público as pretensões da empresa e a forma pela qual ela procederá para atingir seus objetivos estratégicos, considerando os indicadores de desempenho que permitirão a verificação de sua execução. Nesse sentido, Meireles (2011, p. 193) cita alguns indicadores relacionados a esse processo: a qualidade (densidade de defeitos); o esforço de retrabalho; a eficiência e taxa de retorno de solicitações.

Sinteticamente, um indicador é um valor quantitativo que permite à organização mensurar e gerenciar o que está sendo executado de maneira adequada para a consecução das metas empresariais ou departamentais estabelecidas. Conforme podemos inferir do próprio significado da palavra, um indicador consiste em uma métrica que aponta para algo útil, relevante e que auxilia na tomada de decisões.

Os indicadores de desempenho servem, dessa forma, para monitorar: a qualidade das atividades desenvolvidas pelo sistema, por meio da verificação do desempenho dos processos do sistema de segurança (meios técnicos ativos, meios técnicos passivos, meios organizacionais e recursos humanos) e considerando a relação entre essas atividades e as dos demais setores da organização; e a influência do ambiente externo, fundamental para a articulação de políticas que assegurem a competitividade.

De acordo com Silva (2010), os *key performance indicators* (KPIs) (em português, *indicadores-chave de desempenho*), que podem ser categorizados em valores diretos ou percentuais, são os seguintes: medidas de desempenho; produtividade; qualidade; lucratividade; economia de tempo; eficiência do processo; utilização de recursos; economia de recursos; e crescimento. As taxas desses indicadores são representadas por índices, médias comparadas ou estatísticas.

Dentro de uma organização, há diversos processos de segurança, porém, o acompanhamento por meio de indicadores não é recomendado para todos eles. Caso fosse, poder-se-ia aumentar muito a complexidade do processo de coleta de dados, prejudicando a tomada de decisão, por conta da obtenção de informações não requeridas.

Aliás, a coleta de dados requer muita atenção quando diz respeito à mensuração de qualquer tipo de indicador, pois, no caso do desempenho do sistema de segurança, grande parte dos dados necessários é proveniente de sistemas de informações – a acurácia de tais informações assegurará que os indicadores sejam fidedignos.

Para a gestão de pessoas, por exemplo, no que concerne aos serviços de vigilância patrimonial, podem ser utilizadas métricas de: rotatividade, recrutamento; retenção; e treinamento e desenvolvimento.

As **métricas de rotatividade** são representadas por taxa de rotatividade; custo por contratação; custo de substituição; tempo de preenchimento de vagas abertas; duração do vínculo de emprego.

Já **as métricas de recrutamento** dizem respeito a: tempo de vagas em aberto; avaliação de *performance* de novos contratados; satisfação da gerência; rotatividade de novos contratados; impacto financeiro de contratações malsucedidas. Por sua vez, as **métricas de retenção** concernem a: rotatividade evitável; rotatividade da diversidade; impactos financeiros; rotatividade geral de empregados. E, por fim, as **métricas de treinamento e desenvolvimento** relacionam-se com: oportunidades de aprendizado; crescimento na empresa; satisfação com o aprendizado **diário**; oportunidades para novos empregados (Silva, 2010).

Após a fase de medição, dá-se prosseguimento à etapa de monitoramento e controle dos indicadores, não apenas com o objetivo de alcançar as metas estabelecidas, mas, também, de definir as balizas entre as quais poderá haver variação dos indicadores, geralmente por meio de gráficos de controle. Isso é importante porque a partir do momento em que uma organização determina uma meta para certo indicador, consequentemente ela estabelece também a quantidade de recursos a serem direcionados às atividades relativas à consecução dessa meta.

A determinação dos indicadores de desempenho pertinentes a cada caso dependerá da consideração, nas palavras de Nino Ricardo Meireles (2011, p. 192), do seguinte fluxo:

a. análise do negócio;

b. determinação dos fatores críticos de sucesso;

c. determinação de perspectivas;

d. identificação dos indicadores;

e. classificação dos indicadores;

f. identificação da relação de causa e efeito.

Meireles (2011) aponta certas ações necessárias para a implantação de indicadores de desempenho, como: caracterização dos indicadores; medição; tratamento estatístico; monitoramento e análise; gestão do processo. Ainda, o autor afirma que a empresa deve estar ciente de que se trata de um projeto. Por isso, para a sua consecução, é necessário elaborar um plano, bem com considerar aspectos referentes a orçamento e gestão, além de patrocínio e suporte, entre outros.

Se os indicadores de desempenho forem bem implantados, a empresa será beneficiada tanto a curto quanto a médio e longo prazos – por exemplo: com a diminuição

> do volume de relatórios que são gerados para decisão, redução do número de reuniões gerenciais, redução do número de relatórios de desempenho, melhoria na focalização das ações gerenciais mais importantes, eliminação do tempo de interpretação de informações, melhoria da comunicação sobre missão, valores e metas [...] redução do esforço de retrabalho, redução dos fatores que impactam na produtividade, avaliação de decisões e maior produtividade gerencial. (Meireles, 2011, p. 192-193)

Por fim, como outros exemplos de indicadores de desempenho, podemos citar: horas de treinamento por colaborador; índice de absenteísmo e rotatividade; desenvolvimento de capital intelectual; desempenho de fornecedores e parceiros; índices de uso e disponibilidade de recursos.

5.4 Avaliação da conjuntura

A avaliação da conjuntura implica a identificação e análise dos fatores ambientais físicos, psicossociais, políticos e econômico-financeiros com potencial para afetar a empresa. A avaliação pode ser focada na conjuntura externa ou na interna, conforme detalhamos a seguir.

5.4.1 Avaliação da conjuntura externa

A avaliação da conjuntura externa engloba as questões internacionais, nacionais, regionais e locais que tenham implicações para a organização. Assim, faz-se necessário que a empresa tenha uma visão periférica, a fim de perceber as forças ambientais (ameaças e oportunidades) que podem lhe gerar efeitos.

Tanto a ameaça quanto a oportunidade são forças ambientais não controladas pelas organizações. A ameaça, inclusive, poderá potencialmente causar danos se não for reconhecida em tempo hábil para que seja evitada e contornada. Por sua vez, a oportunidade pode ter o condão de beneficiar a organização, desde que seja devidamente reconhecida e aproveitada.

Em cada um dos ambientes organizacionais, conforme já estudado na Seção 4.2.1.1 (Fatores de decisão), certos aspectos específicos devem ser observados, conforme explanado por Dantas Filho (2004):

» **No ambiente físico**: a empresa deve observar, tanto sob a perspectiva do invasor quanto do defensor, a sua posição geográfica (se está situada em área rural ou urbana, por exemplo), analisando as áreas de observação e de abertura para tiroteios, os obstáculos, os caminhos até o interior da instituição, os acidentes do terreno, as condições atmosféricas e climáticas etc.

» **No ambiente psicossocial**: a organização deve realizar uma análise da população vizinha, considerando as instalações públicas (policiais, militares, de bombeiros, escolas), o perfil das comunidades e seus anseios, os índices de desemprego, as afinidades, bem como os antagonismos e as vulnerabilidades.

» **Nos ambientes político e econômico-financeiro**: a empresa necessita conhecer profundamente a legislação e os órgãos que a elaboram, os projetos e programas governamentais em todos os níveis, bem como a política econômico-financeira em vigência.

5.4.2 Avaliação da conjuntura interna

Na avaliação da conjuntura interna, é importante tomar conhecimento dos pontos fortes e utilizá-los da melhor forma, suprimindo, consequentemente, os pontos fracos.

Ponto forte é o diferencial obtido pela organização e que lhe confere uma vantagem operacional no ambiente empresarial. Ponto fraco, por sua vez, refere-se ao oposto, ou seja, à circunstância inoportuna que acarreta à empresa uma desvantagem operacional no ambiente organizacional. Ambos são tanto variáveis quanto controláveis.

A necessidade de observar o ambiente físico sob a perspectiva do defensor das instalações advém dos diversos aspectos, que devem ser analisados a fim de dificultar as ações de invasores. Assim, cabe ao gestor de segurança recolher dados acerca da mentalidade do pessoal no que diz respeito a:

» segurança;
» horários críticos de entrada e saída de pessoas e materiais na empresa;
» locais de maior procura e circulação de mercadorias e pessoas;
» perfil dos colaboradores (sexo, idade, religião, moradia, meio de transporte utilizado, composição familiar etc.);
» missão da empresa;
» terceirização de serviços;
» indenizações para sinistros;
» projetos de contratações;
» sistemas de controle;
» sistema de iluminação;
» equipe de segurança da empresa;
» comitê de crise;
» plano de combate às emergências e integração dos sistemas (detecção e combate a sinistros, câmeras de CFTV etc.).

Caso a empresa verifique, pela análise interna, que seus pontos fortes prevalecem ante um ambiente em que foram constatadas ameaças, ela poderá permanecer no mercado, pois será capaz de se desenvolver e crescer ao se deparar com oportunidades.

De outro lado, se houver a preponderância de pontos fracos, a empresa terá mais dificuldades de manter suas atividades ao se deparar com ameaças; contudo, poderá também crescer e se desenvolver quando estiver diante de oportunidades.

Baseando-se nas informações levantadas, a organização poderá emitir um diagnóstico, que deve ser sintético e realista, para servir como ponto de partida para a elaboração do plano de segurança.

Síntese

Neste capítulo, analisamos questões básicas relativas ao planejamento estratégico, de forma a compreender no que ele consiste e como ele pode ser aplicado de forma a garantir a eficiência, a eficácia e a efetividade da empresa.

Discutimos, também, as diferenças entre os planejamentos estratégicos, táticos e operacionais, e examinamos os princípios regentes do planejamento estratégico, considerando a metodologia e os processos envolvidos.

Por fim, debatemos a importância e a forma de realização da análise de conjunturas e cenários, tanto interna quanto externa. Nesse sentido, concluímos que é muito importante para a empresa ter uma percepção exata de seus pontos fortes e de seus pontos fracos, para um melhor direcionamento de suas atividades.

Questões para revisão

1) No que consiste o planejamento estratégico e qual é a sua utilidade?

2) Qual é a metodologia aplicável ao planejamento estratégico?

3) Qual é a importância da análise de conjunturas para o sucesso de um planejamento estratégico?

4) O processo de planejamento estratégico é composto por uma sequência lógica de ações, **exceto**:
   a. Definição da missão.
   b. Estabelecimento dos objetivos de curto prazo.
   c. Análise dos ambientes externo e interno.
   d. Formulação da estratégia.
   e. Implementação e controle da estratégia.

5) As alternativas a seguir apresentam princípios do planejamento estratégico, **exceto**:
   a. Objetividade.
   b. Defensiva.
   c. Unidade de comando.
   d. Economia de força.
   e. Manobra.

6) Sobre os indicadores de desempenho, assinale V (verdadeiro) ou F (falso) nas assertivas que seguem:
   ( ) Um indicador consiste em uma métrica que aponta para algo útil, relevante e que auxilia na tomada de decisões.
   ( ) O acompanhamento de todos os processos de segurança dentro de uma empresa deve ser feito por meio de indicadores de desempenho.

( ) Se forem bem implantados, os indicadores de desempenho poderão beneficiar a empresa, tanto a curto quanto a médio e longo prazos.
( ) Para a implantação dos indicadores, o seu tratamento estatístico é dispensável.
( ) São exemplos de indicadores de desempenho o índice de absenteísmo e rotatividade e o desenvolvimento de capital intelectual.

A seguir, assinale a alternativa que apresenta a sequência correta:
a. V, F, F, V, V.
b. F, F, V, V, F.
c. V, V, V, F, F.
d. F, V, F, F, V.
e. V, F, V, F, V.

Questão para reflexão

1) De que forma o planejamento estratégico se relaciona com o planejamento operacional e por que este necessita de mais flexibilidade?

Para saber mais

Caso se interesse em aprofundar os estudos sobre planejamento estratégico com enfoque específico na gestão da segurança privada, indicamos:
MEIRELES, N. R. **Gestão estratégica do sistema de segurança**: conceitos, teorias, processos e prática. São Paulo: Sicurezza, 2011.

SOUZA, I. de O. e. Gestão estratégica da segurança. In: ABSEG – Associação Brasileira de Profissionais de Segurança. **Coletânea ABSEG de Segurança Empresarial**. 2009. p. 31-44.
v. 1. Disponível em: <http://www.abseg.org.br/wp-content/uploads/2014/12/coletanea-abseg.pdf>. Acesso em: 26 abr. 2018.

Para uma dimensão tanto prática quanto acadêmica sobre planejamento estratégico aplicado ao setor de segurança de uma empresa, recomendamos:

ROCHA, V. **Como desenvolver e implementar um programa de segurança empresarial**: o caso da Fundação Getulio Vargas. 145 f. Dissertação (Mestrado em Administração Pública) – Fundação Getulio Vargas, Rio de Janeiro, 2001.

VI

Conteúdos do capítulo:

» Definições de um plano de segurança.
» Normas de redação de documentos de segurança.
» Espécies de medidas de segurança.
» Contrainteligência.
» Segurança ativa e passiva.
» Equipe de segurança e gestão estratégica.

Após o estudo deste capítulo, você será capaz de:

1. definir a finalidade de um plano de segurança;
2. elencar as medidas de segurança essenciais a um bom plano de segurança;
3. dominar os fatores de influência que devem ser considerados na elaboração do plano de segurança;
4. integrar a contrainteligência ao plano de segurança;
5. aplicar as ferramentas necessárias para o gerenciamento de equipes de segurança.

Plano de segurança

Conforme debatemos ao longo dos capítulos desta obra, o gerenciamento e controle de riscos, aliado a um planejamento estratégico, permitirá a emissão de um diagnóstico realista e sintético sobre a situação da empresa no que diz respeito à segurança, para embasar a elaboração de um bom plano de segurança alinhado às necessidades específicas da organização.

Nesse sentido, também já estudamos que os planos de segurança têm o objetivo de prevenir e reduzir perdas patrimoniais e ações criminosas, e a elaboração desses planos é realizada por meio de análises dos pontos vulneráveis e sensíveis da empresa, a fim de suscitar um plano de ação dotado de soluções voltadas à proteção das instalações físicas e à manutenção da integridade física dos envolvidos.

Assim, cabe ao responsável pela elaboração desse plano – profissional que deve ser capacitado para mensurar as melhores medidas de segurança e atitudes preventivas para cada caso – realizar vistorias técnicas em dias e horários diversos na empresa e fazer avaliações no intuito de identificar riscos e pontos sensíveis, considerando também, entre outros fatores, a infraestrutura, o comportamento geral das pessoas na rotina da empresa, os sistemas de segurança, as atitudes não seguras e suspeitas, bem como possibilidades de sabotagem e de espionagem empresarial.

A partir dessa avaliação, a organização pode elaborar um plano de segurança indicando ações que reduzam as possibilidades de danos e prejuízos ao patrimônio e à integridade das pessoas direta ou indiretamente relacionadas à empresa. O plano deverá ser adequadamente implantado por meio de sistemas de segurança e efetivamente supervisionado.

6.1 Conceitos e generalidades

É indispensável que toda empresa, organização ou instituição disponha de um plano de segurança e de um programa de instrução sobre segurança.

A principal função desse plano é estabelecer medidas de contenção de ameaças humanas que, via de regra, são provenientes da falha na contrainteligência e do despreparo do pessoal da empresa.

Diante disso, de acordo com Dantas Filho (2004, p. 149-150), um plano de segurança precisa considerar:

» *deslealdade, atos de hostilidade e de subversão: qualquer indivíduo que desperte suspeita deve necessariamente ser investigado;*
» *descuidos e acidentes: tais ações são capazes de paralisar uma operação ou causar baixas;*
» *sabotagem, espionagem, furto e roubo: essas ameaças envolvem práticas delitivas deliberadas – especialmente as últimas duas.*

O plano de segurança constitui-se, essencialmente, do conjunto dos planos de defesa, de segurança orgânica, de combate a incêndio, de comunicação social e de chamada.

Tais planos podem ser classificados, via de regra, pela seguinte ordem hierárquica, de acordo com Soares (2018): plano institucional (ou estratégico); plano setorial (ou intermediário); plano operacional (ou de execução).

O plano setorial é destinado a áreas ou setores específicos da empresa, por exemplo: recepção; linhas de produção; portaria; estacionamentos; áreas administrativas; depósitos etc. Por sua vez, o plano operacional é formulado pormenorizadamente, com o objetivo de solucionar os problemas apontados pela avaliação da conjuntura e análise de riscos.

Dessa forma, podemos compreender que um conjunto de planos operacionais compõe um plano setorial, e um conjunto de planos setoriais formam o plano institucional de segurança da empresa.

O **plano de segurança orgânica** de uma empresa é um exemplo de plano operacional ou setorial, a depender do porte da empresa, e deve conter um conjunto específico de medidas de segurança para cada área da empresa, as quais podem ser assim descritas:

» **Segurança de instalações**: está completamente ligada ao plano de defesa da empresa; assegura uma efetiva segurança das áreas e instalações, a fim de garantir o acesso completamente seguro e dissuadir o invasor da empreitada criminosa.

» **Segurança do pessoal**: tem o objetivo de proteger as pessoas que fazem parte da empresa ou que com ela se relacionam.

» **Segurança da documentação e do material**: compreende o conjunto de medidas voltadas à proteção de informações. Os avanços tecnológicos contribuem para aumentar a velocidade e o fluxo das informações, mas o mesmo não ocorre quanto à confiabilidade dos sistemas, o que aumenta o risco de infiltração e de vazamento de informações. Essa medida de segurança envolve também outro conjunto de medidas voltadas a assegurar comportamentos adequados à pessoa credenciada para proteger tais informações. Para selecionar essa pessoa, a empresa pode, inclusive, pesquisar seus antecedentes policiais. Para evitar a violação de segredos profissionais e vazamentos de informações, a organização precisa escolher criteriosamente as pessoas que deterão os conhecimentos sigilosos e credenciá-las, testando sua confiabilidade e observando a sua conduta cotidianamente.

» **Segurança da informática**: consubstancia as medidas destinadas a preservar o sigilo das atividades de processamento e de transmissão, bem como dos materiais e dos programas de informática de uma empresa ou instituição.

» **Segurança das comunicações**: visa salvaguardar a informação e impedir a interceptação da mensagem. Atualmente, devido ao desenvolvimento tecnológico e às vulnerabilidades das organizações, tem sido elevado o número de casos de escuta e interceptação. O inciso XII do art. 5º da Constituição Federal e a Lei n. 9.296, de 27 de julho de 1996, tratam da interceptação telefônica e determinam que ela só pode servir como fonte de prova em investigações criminais se for ordenada pelo juiz competente da ação principal, aplicando-se o mesmo, também, à interceptação de sistemas de informática e telemática (Brasil, 1988; 1996).

6.2 Normas para a redação de documentos de segurança

A padronização também é muito importante quando se trata de segurança empresarial. O emprego de boas técnicas de redação, bem como de códigos de referência, leis, normas técnicas e manuais de sistemas de qualidade para situações e demandas específicas da área em questão, certamente causa impacto no objetivo final do trabalho, refletindo em sua qualidade.

Os documentos elaborados pelo departamento de segurança podem ser fundamentados em modelos encontrados no sistema de gestão de qualidade adotado pela empresa à qual pertencem ou em modelos fornecidos nos cursos de gestão de segurança. É importante, no entanto, primar pelo estabelecimento de padrões mínimos.

Um padrão pode ser entendido como algo que serve de base ou referência. Nesse sentido, documentos de segurança, como o Procedimento Operacional Padrão (POP), Norma Operacional Padrão (NOP) ou Instrução de Trabalho (IT), devem seguir uma normatização específica para a sua confecção. Contudo, para além dos padrões, a principal preocupação deve residir na finalidade do documento – isto é, não se deve priorizar a formatação em detrimento do conteúdo.

Assim sendo, para que a confecção de um documento como um plano de segurança* seja minimamente satisfatória, deve ter as seguintes características (Soares, 2018):

» **Redação objetiva**: a compreensão equivocada de uma norma de segurança pode acarretar incidentes indesejados. Portanto, a redação do plano de segurança demanda o emprego de uma linguagem simples, objetiva e de fácil compreensão. Isso significa que é importante evitar o uso de gírias, erudições ou frases que possam gerar interpretações ambíguas ou incompletas. Também, deve-se evitar o uso de muitas siglas sem especificação em glossário e o excesso de termos em língua estrangeira. A compreensão errônea de uma norma de segurança pode provocar verdadeiras catástrofes.

» **Classificação sigilosa**: os documentos que se referem a questões de segurança não devem ser de domínio público. Logo, o acesso a tais informações deve ser franqueado apenas às pessoas autorizadas – isto é, o papel ou a mídia em que os dados se encontram deve apresentar um carimbo ou uma timbragem que indique claramente a confidencialidade.

» **Numeração de páginas**: recomenda-se, para que sejam evitadas fraudes e adulterações, que a numeração das páginas apresente o número da página junto com o número total de páginas (por exemplo: p. 3/40 – página 3, do total de 40 páginas).

---

* Um exemplo de redação de documento de segurança no qual as recomendações aqui descritas foram aplicadas pode ser encontrado no "Apêndice" disponibilizado nas páginas finais desta obra.

» **Numeração do documento**: os documentos de segurança devem ser numerados por ordem de elaboração.

» **Rubrica, assinatura e carimbo**: todas as páginas do documento devem ser rubricadas e carimbadas pelo seu autor, sendo que na última página deve constar a sua assinatura e também seu carimbo.

» **Data**: os documentos de segurança devem ser sempre datados.

» **Assunto**: o objeto do plano de segurança deve ser citado logo no início.

» **Origem**: a pessoa ou o setor responsável pelo plano devem ser mencionados.

» **Difusão**: como o acesso a esse documento deve ser permitido somente a pessoas autorizadas, é importante que nele também conste o destinatário, isto é, a quem ele se destina.

» **Anexos**: os documentos avulsos que acompanham o plano devem ser mencionados.

6.3 Segurança das instalações

Instalações empresariais ou industriais referem-se a espaços físicos que abrigam as atividades produtivas e/ou comerciais de uma empresa, abrangendo a totalidade de edificações, pátios, reservatórios, estacionamentos, guaritas, bem como as instalações prediais de água, esgoto, ar comprimido, gases, energia elétrica, iluminação, produtos químicos, drenagem, entre outros, que façam parte da área produtiva ou comercial da planta de uma empresa.

Conforme já comentamos, cabe ao gestor de segurança planejar, executar e acompanhar a segurança da organização, principalmente das instalações, razão pela qual a qualificação desse profissional é tão importante. Neste momento, contudo, vamos nos concentrar em abordar como o plano de segurança das instalações deve ser elaborado, pois se trata de um dos principais conjuntos de medidas de segurança dentro da segurança orgânica.

De acordo com Dantas Filho (2004), diversos são os fatores que acarretam implicações à segurança das instalações, tais como:

> *a dimensão da área da organização, vulnerabilidade dos equipamentos, localização (perímetro urbano), situação psicossocial e econômico-financeira da área, capacidade dos agentes do crime, nível de instrução do pessoal da organização (em particular dos agentes de segurança), grau de atração como alvo, ineficiência dos órgãos de Segurança Pública, escassez de recursos financeiros e materiais, existência de área que favorece ação de oponentes, como uma área matosa e mal iluminada.* (Dantas Filho, 2004, p. 154)

Assim sendo, o plano de segurança das instalações deve ter como base a avaliação das instalações da empresa, considerando os riscos e perigos existentes, a fim de cobrir os pontos sensíveis. O plano precisa ser dotado de flexibilidade e permitir contínua atualização. Além disso, sua elaboração também necessita privilegiar a economia de recursos, promovendo o apoio mútuo entre os envolvidos. Por fim, nele precisam constar elementos como: finalidade; objetivo; orientações para execução; área de abrangência – considerando os locais críticos e suas prioridades; medidas de proteção; organização da equipe de segurança – com instruções detalhadas por escrito que poderão ser impressas e entregues para cada posto; as técnicas de reação imediatas em casos de tentativa de invasão (armada ou não), de incêndios, de explosões, de falta de luz à noite, de inundações; além de outras recomendações específicas.

A formulação do plano de segurança física das instalações objetiva resguardar o patrimônio da empresa através do emprego de medidas de segurança técnicas ativas, dinâmicas, claras, precisas, concorrentes e eficazes. A prevenção ocorre, dessa forma, por meio da antecipação, da preparação, do impedimento e da minimização da ocorrência de um incidente de segurança.

Para a organização alcançar esse resultado, todos os pontos vulneráveis de suas instalações devem ser considerados, definindo-se as ações que poderão eliminá-las ou minimizá-las. Tais ações devem ser planejadas, preferencialmente, a partir das perspectivas tanto do defensor quanto do oponente, com especial ênfase aos fatores que podem potencialmente distrair a atenção da equipe de segurança e/ou ocultar as verdadeiras intenções do agressor.

Diante do exposto, podemos assumir que um plano de segurança* deve, minimamente, considerar os seguintes elementos:

» a rede de esgoto, que pode ser utilizada como uma via de acesso à empresa (entrada e saída);
» o sistema de iluminação, considerando a localização do gerador, do quadro de distribuição e das linhas de energia;
» os sistemas (interno e externo) de comunicações, composto de telefones, rádios, telex, inter-comunicadores, sinais luminosos e acústicos, entre outros;
» a rede de informática;
» a localização dos pontos críticos nos arredores, tais como edifícios vizinhos, elevações, passagens e vegetação;
» a previsão de exames periódicos e inopinados das instalações, testando os sistemas de alarme, comunicações, iluminação e material de incêndio;
» as ligações com a polícia, a defesa civil, hospitais etc.

---

* No "Apêndice" disponibilizado ao final do livro, você encontrará um exemplo de um plano de segurança das instalações simplificado.

Como sabemos, uma organização está sujeita a inúmeras ações criminosas ou resultantes de comportamentos inadequados (como do agente de segurança que não observa as normas estabelecidas ou, ainda, desvia-se dos próprios preceitos da lei ou da moral). Tais ações podem dizer respeito a assaltos, furtos, apropriações indébitas, violações de segredo profissional, vazamento de informações, espionagem, terrorismo, sabotagem, formação de quadrilha, porte ilegal de arma dentro da empresa etc.

Portanto, para se prevenir e combater cada tipo de ação, é indispensável que a empresa domine a legislação pertinente e a aplicação de medidas técnicas de prevenção dinâmica em relação ao *modus operandi* do oponente.

6.3.1 Medidas de segurança

Segundo Dantas Filho (2004, p. 156), no plano de segurança das instalações, devem constar as **medidas de segurança**, que incluem:

- » definição de postos de segurança;
- » integração das vigilâncias dos arredores;
- » controle de acesso do pessoal;
- » controle das instalações;
- » definição de normas de tráfego aéreo, caso haja necessidade;
- » controle e revista do material recebido, incluindo alimentos e bebidas;
- » controle das chaves e trocas de segredo, quando necessário;
- » plano de prevenção e combate a incêndios;
- » normas de coleta e incineração de detritos e lixo;
- » plano de evacuação das pessoas das instalações, prevendo treinamento;
- » normas de admissão e dispensa de funcionários;
- » proteção de vidraças contra tiros;
- » varredura mecânica e eletrônica das instalações.

Além disso, é importante que os agentes da equipe de segurança patrimonial sejam qualificados e periodicamente reciclados, especialmente no que diz respeito à utilização de recursos tecnológicos disponíveis.

Embora estejam sujeitas a incontáveis incidentes de segurança – muitas vezes com resultados até mesmo trágicos ou catastróficos –, as empresas, em geral, ignoram a necessidade de identificação e controle das pessoas às quais se permite acesso às instalações da organização. É comum, inclusive, que funcionários e ex-funcionários, familiares, amigos e clientes não sejam devidamente identificados de acordo com o previsto no plano de segurança. Todavia, não podemos nos esquecer da importância de prestar maior atenção quanto às pessoas que não fazem parte do quadro funcional da organização.

Por isso, a empresa precisa fazer um registro adequado das pessoas que adentram suas instalações, sejam elas visitantes, representantes de órgãos de apoio ou fornecedores.

Ainda, a opção de manter um telefonista na empresa é outra importante medida de segurança, pois ele será o responsável por entrar em contato com órgãos como corpo de bombeiros e polícia militar, por exemplo. Além disso, esse profissional deverá dispor de números de telefones que podem ser interessantes à empresa, tais como: do aeroporto, de emissoras de rádio e televisão, de hospitais, bem como de médicos e de dentistas.

A fim de evitar o estabelecimento de uma rotina, a previsão de alternância quanto aos itinerários e horários de ronda e troca de postos também é uma interessante medida de segurança.

Considerando o alto custo das medidas de segurança e a inviabilidade de atingir um grau máximo de proteção em todos os setores, a empresa deverá obrigatoriamente priorizar as medidas de segurança em virtude de suas vulnerabilidades e de seus riscos.

Por fim, o plano de segurança precisa ser constantemente posto à prova e inspecionado, a fim de que as falhas e os dispêndios de recursos identificados sejam reduzidos com medidas que delimitem o que é ou não imprescindível em relação à segurança.

6.4 Contrainteligência

A contrainteligência é a principal linha de defesa de uma empresa. Suas responsabilidades são o estabelecimento de ações voltadas à prevenção e neutralização das consequências de operações de inteligência, espionagem, sabotagem, furtos, roubos, propaganda e demais ações empreendidas por organizações ou opositores à empresa.

Ao longo da história, as pessoas sempre buscaram conhecer as vulnerabilidades de seus oponentes, a fim de que tal conhecimento se traduzisse em vantagens efetivas contra seus alvos ou adversários. Nesse sentido, tanto o Estado quanto as instituições empresariais entendem que a detenção de informação é crucial para a sobrevivência de uma organização.

Nesse sentido, a contrainteligência consiste no fornecimento de um serviço de inteligência sério e apto a resguardar os sistemas de uma organização diante de uma ação do oponente (independentemente da natureza dessa ação), estabelecendo medidas para prevenção, destruição, detecção e neutralização de atividades de inteligência, sabotagem, terrorismo, propaganda adversa e outras ações de interesses contrários aos da organização.

Em resumo, a contrainteligência implica a adoção de medidas de segurança que protejam a divulgação de vulnerabilidades e impeçam uma possível vantagem inicial do concorrente ou oponente. Pode ser classificada em segurança passiva (orgânica) – que prevê e obstrui quaisquer ofensivas à empresa – e em segurança ativa – que detecta, identifica, avalia e neutraliza, por meio de medidas repressivas, quaisquer ofensivas à empresa. Ambas estão descritas nos itens a seguir.

6.4.1 Segurança passiva

De acordo com Dantas Filho (2004, p. 164), a segurança passiva (orgânica) compreende:

» segurança pessoal;
» segurança da documentação e do material;
» segurança das comunicações;
» segurança das áreas e instalações;
» segurança da informática.

A **segurança de pessoal** abrange as medidas destinadas a garantir a adoção de comportamentos desejáveis por parte dos funcionários credenciados à proteção de conhecimento sensível. Como já abordamos, tais profissionais precisam ser criteriosamente selecionados – inclusive, devem passar por uma averiguação de antecedentes criminais. Logo, sua confiabilidade e integridade devem ser colocadas à prova a partir da observação de sua conduta cotidiana, uma vez que é imprescindível à organização proteger segredos profissionais e prevenir o vazamento de informações.

Por sua vez, a **segurança da documentação e do material** engloba o conjunto de ações destinadas a proteger e evitar o comprometimento de informações. Logo, é importante considerar que o próprio avanço tecnológico, ainda que promova o incremento da velocidade e do fluxo de informações, consiste em um fator que aumenta o risco de infiltrações e de vazamentos de dados, de forma que a confiabilidade dos sistemas pode ser prejudicada.

Já a **segurança das comunicações** se refere ao conjunto de medidas que têm o objetivo de resguardar informações, por meio de ações que impeçam a interceptação de mensagens telefônicas e avalizem o fluxo de comunicações em sistemas de informática e telemática.

A **segurança das áreas e instalações** diz respeito às ações de segurança que visam proteger os locais em que são formuladas e arquivadas as informações sensíveis às atividades da empresa.

Por fim, a **segurança da informática** trata do conjunto de ações voltadas à proteção do segredo das atividades da empresa em relação aos processos, às transmissões, aos materiais e aos programas de informática por ela empregados.

A atividade de segurança orgânica, entretanto, não se limita ao trabalho do especialista. Isto é, seus preceitos necessitam ser observados e exercidos por todo o pessoal da empresa. Assim, assuntos e documentos pertinentes às atividades da instituição não devem ser comentados ou divulgados em ambientes externos sem a devida autorização – a violação dessa norma deve, inclusive, constituir uma falha grave.

Nesse sentido, é recomendado que os funcionários se portem de maneira discreta, evitando o impulso de se abrirem em situações sociais e familiares. Ainda, no ambiente organizacional, deve-se ter atenção ao uso do telefone, primando por manter conversas rápidas e objetivas em que se diz apenas o necessário – ou seja, jamais se deve tratar de assuntos sigilosos em conversas telefônicas.

Da mesma forma, os documentos pertinentes à empresa não devem ser retirados das instalações da organização. Além disso, a recomendação é guardá-los em local próprio ao final do expediente. O material descartado que eventualmente possa conter informações relevantes deve ser triturado ou incinerado.

A fim de garantir o sucesso da contrainteligência, é importante que cada colaborador tenha conhecimento apenas do que é estritamente necessário ao cumprimento de suas funções, bem como que compreenda as medidas de segurança adotadas pela empresa e colabore espontaneamente com os agentes de segurança.

O chefe, gestor ou supervisor de segurança deve ser informado de toda e qualquer alteração que possa implicar risco à segurança pessoal, do material, da documentação e das instalações da organização em que trabalha.

6.4.2 Segurança ativa

Conforme Dantas Filho (2004, p. 165-166), a segurança ativa é efetivada por meio de ações de contrainteligência, como: contraespionagem, contraterrorismo, contrassabotagem, contrapropaganda e desinformação.

A **contraespionagem** consiste na ação voltada a inibir a espionagem dos conhecimentos sigilosos monitorados pela assessoria de inteligência ou de segurança.

Para se realizar essa ação devem ser adotados procedimentos como: qualificar o corpo de funcionários, em todos os níveis; robustecer os pontos fracos; auxiliar os detentores de informações sigilosas; conscientizar os funcionários a respeito de suas responsabilidades na organização; prestar auxílio aos visitantes, sem lhes fornecer acesso a informações e conhecimentos secretos.

Já o **contraterrorismo** engloba ações voltadas a localizar, identificar e neutralizar as atividades terroristas. Por sua vez, a **contrassabotagem** diz respeito às ações que objetivam identificar ameaças de sabotagem, detectando e neutralizando os sabotadores.

A **contrapropaganda** se refere à atividade que se destina a neutralizar a repercussão de propagandas adversas. E, por fim, a **desinformação** trata das ações que tencionam ocultar informações dos oponentes ou induzi-los a um erro de apreciação, especialmente no que concerne às normas e medidas de segurança da organização.

6.5 Gerenciamento da equipe de segurança

Um dos principais focos do gestor de segurança é fazer todos os integrantes da empresa desenvolverem uma mentalidade de segurança. É preciso que todos estejam conscientes e envolvidos na promoção da segurança, sob pena de que os meios mecânicos empregados para garanti-la não cumpram a sua função. Para tanto, é necessário que haja na organização um programa de instrução sobre segurança, o qual deve necessariamente conter, entre outros aspectos, a doutrina de segurança, campanha educativa, treinamento intensivo e simulados.

No entanto, ainda que a mentalidade de segurança seja alcançada, é necessário que a equipe responsável especificamente pela segurança da empresa seja altamente capacitada e qualificada, bem como que disponha de uma liderança adequada para cumprir sua missão de forma bem-sucedida.

O tamanho e a complexidade da equipe de segurança dependem diretamente do tamanho da empresa. Nesse sentido, vamos recapitular o que apresentamos no Capítulo 3, em que tratamos especificamente do departamento de segurança. Soares (2018, p. 40) nos apresenta os elementos que devem constituir uma equipe de segurança:

» **Presidente ou diretor-geral**: responsável direto pelo comando da empresa, estando a ele subordinada a gerência ou diretoria de segurança.
» **Gerente ou diretor de segurança**: responsável absoluto por toda a área de segurança dentro da empresa, que se reporta somente à presidência ou à direção-geral.
» **Supervisor de segurança**: responsável pelos turnos de trabalho na área de segurança durante as 24 horas do dia.

» **Agentes de segurança (vigilantes)**: responsáveis por trabalhar nos mais variados ambientes, como recepção, garagem, corredores e outras instalações da empresa.

» **Pessoal de apoio**: composto por técnicos e engenheiros capazes de agir em situações como quedas de energia elétrica, falhas nos sistemas de comunicação, danificação de equipamentos de segurança ou em quaisquer outras missões técnicas solicitadas pelo gerente de segurança.

» **Pessoal de emergência**: composto por médicos, socorristas, bombeiros e outros profissionais capazes de atender prontamente a ocorrências de acidentes, incêndios, desabamentos e outras situações de crise ou emergência.

Tendo em vista que na atividade de gerenciamento da equipe de segurança, considerada *stricto sensu*, o gestor de segurança deve liderar mais diretamente os agentes de segurança, examinaremos mais detidamente, nos itens a seguir, a conceituação, as competências e as funções desses profissionais.

6.5.1 O agente de segurança

O agente de segurança, legalmente denominado **vigilante**, é a unidade básica da equipe de segurança. Conforme o art. 2º, inciso III, da Portaria n. 3.233, de 10 de dezembro de 2012-DG/DPF, trata-se do "profissional capacitado em curso de formação, empregado de empresa especializada ou empresa possuidora de serviço orgânico de segurança, registrado no DPF, e responsável pela execução de atividades de segurança privada" (Brasil, 2012).

O agente de segurança se constitui na principal mão de obra utilizada em empresas de segurança privada. Conforme o Anexo I da Resolução n. 115, de 25 de outubro de 2013, a ele incumbe o controle eficiente de tudo que concerne à ordem interna:

a regularidade das instalações; o controle das entradas proibidas; das entradas permitidas; o controle da circulação interna; o fiel cumprimento das normas emanadas por quem de direito; o controle do material sob sua responsabilidade; o registro das ocorrências internas; a imediata comunicação ao seu superior de qualquer incidente, principalmente irregularidade com armamento, munição e colete a prova de balas; o devido zelo com a apresentação pessoal; a postura e o comportamento de acordo com os padrões sociais, dentre outras atribuições peculiares à sua função. (Brasil, 2013)

A organização e a disciplina no desempenho das funções do vigilante são indispensáveis. Por isso, esse profissional jamais poderá se omitir de fiscalizar, controlar e vigiar, de forma permanentemente comprometida com a segurança, com a dignidade da pessoa humana e com a satisfação do usuário final (Brasil, 2013).

Em 2015, o número de vigilantes representou 88,94% do total de trabalhadores do setor de segurança privada em todo o país, sendo que a maioria (cerca de 90,8%) pertence ao sexo masculino. Ainda, do número total, 83,6% encontram-se no intervalo de faixa etária que vai dos 25 aos 49 anos de idade. Já quanto ao nível de escolaridade, a maioria (68,79%) alegou possuir, no mínimo, o ensino médio completo (Fenavist, 2017).

Perfil do agente de segurança

Conforme já abordamos, o vigilante é o sujeito apto a manter a ordem nos limites do seu local de trabalho, com o fim de satisfazer o usuário final do seu serviço. Nesse sentido, dentro do espectro das normas atinentes à segurança privada, o vigilante deve realizar suas atividades "com urbanidade (civilidade, cortesia, boas relações públicas), probidade (honestidade) e denodo (coragem, bravura, mostrando seu valor)" (Brasil, 2013).

Além do aspecto moral, no que concerne à conduta de lisura, é demandado do vigilante que esteja a todo tempo alerta a tudo e a todos, mantendo controle completo da situação local, "através da própria inspeção visual em todo perímetro de segurança, como forma primordial de prevenção e demonstração de controle" (Brasil, 2013).

Dessa forma, a atuação do vigilante é "de caráter preventivo, de modo a inibir, dificultar e impedir qualquer ação delituosa, mostrando-se dinâmico nas suas atitudes" (Brasil, 2013).

Sob essa ótica, podemos elencar alguns atributos desejáveis ao agente de segurança:

» **Energia**: estado de espírito de permanecer sempre alerta.
» **Tirocínio**: aptidão de proceder com cautela e sobriedade, a fim de evitar melindrar as pessoas.
» **Autocontrole**: habilidade de ter domínio sobre sentimentos, emoções e reações, permanecendo tranquilo diante de situações adversas.
» **Intrepidez**: capacidade de enfrentar com bravura, vigor e coragem as situações adversas.
» **Lealdade**: aptidão para ser íntegro, honesto e sincero para com as instituições e todos aqueles que as integram.
» **Compreensão e expressão verbal**: habilidade de assimilar e repassar informações e fatos de forma inteligível, precisa e correta.
» **Cooperatividade**: aptidão para colaborar ativa e harmoniosamente com uma tarefa ou situação, de forma a contribuir para a respectiva resolução.

A apresentação individual do agente de segurança, que engloba seu uniforme, corte de cabelo, unhas feitas, barba e maquiagem, também merece atenção e deve seguir um padrão de asseio, sobriedade e discrição.

A fiscalização, praticada em todos os níveis, é fundamental para uma eficaz atuação dos agentes de segurança.

6.5.2 Organização da equipe de segurança

Geralmente, a organização da equipe de segurança é realizada mediante a disposição da guarda em postos fixos e móveis.

Entende-se por *posto fixo*, conforme disposto no Anexo I da Resolução n. 115/2013 do Instituto Nacional da Propriedade Industrial (Inpi):

> aquele do qual o profissional de segurança não pode se afastar, sob pena de perder o controle do acesso ou até mesmo de facilitar uma invasão. Como exemplo de posto fixo, podemos citar: guaritas ou cabines instaladas em pontos estratégicos, de onde o vigilante tem maior campo de visão; sala de monitoramento de imagens, central de comunicação operacional etc. (Brasil, 2013)

Ainda de acordo com a resolução mencionada, a fim de não perder a atenção da área sob sua vigilância, "o vigilante não deve permitir aglomeração de pessoas em seu posto; caso necessite dar informações, deve ser o mais breve possível e cuidando, num primeiro momento, de sua própria segurança" (Brasil, 2013).

Da mesma forma, o agente de segurança também não deve fazer uso de aparelhos sonoros alheios ao equipamento de comunicação provido pelo empregador e manter uma postura adequada, ciente de que, por trabalhar uniformizado, é um alvo de observação constante. O texto da resolução indica ainda que se o posto fixo não for somente para vigilância, o agente deve "fazer o devido controle de acordo com as peculiaridades locais" (Brasil, 2013).

A organização em postos fixos dependerá, em todos os casos, da extensão da área da empresa, devendo-se analisar a necessidade de uma patrulha patrimonial a fim de que esses postos sejam ligados e suas áreas sejam recobertas (postos móveis ou rondas).

Os postos móveis consubstanciam-se nas rondas, que são serviços móveis de fiscalização e vigilância cuja finalidade é "cobrir os espaços vazios existentes entre postos fixos de segurança. São diligências que o vigilante realiza para verificar irregularidades, devendo a ronda ser realizada em todo o edifício periodicamente" (Brasil, 2013).

Juntamente com o controle de acesso, a ronda é um dos serviços mais importantes feitos pelo profissional de segurança na vigilância patrimonial. Essa atividade assegura ao vigilante o efetivo controle das instalações em geral, bem como a observância da circulação interna de pessoas, veículos e materiais (Brasil, 2013).

A realização da primeira ronda pelo vigilante deverá ocorrer antes de ele assumir o serviço e, na medida do possível, na companhia do profissional que estiver liberando o posto, a fim de ter conhecimento da situação que irá assumir (Brasil, 2013).

As rondas podem ser divididas em internas e periféricas (Brasil, 2013):

» **Rondas internas**: procedidas no interior das instalações e nos setores desativados por ocasião do encerramento do expediente.
» **Rondas periféricas**: procedidas no espaço compreendido entre a área construída e as barreiras perimetrais.

Contudo, por determinação do órgão controlador, não é possível fazer ronda externa (Brasil, 2013), tendo em vista que, nos termos do art. 13 da Portaria n. 387, de 28 de agosto de 2006, do Departamento de Polícia Federal (DPF), a vigilância patrimonial deve ser exercida nos limites do imóvel vigiado (Brasil, 2006).

Ao realizar a ronda, o vigilante deve ser crítico e observador, uma vez que se trata de uma diligência que objetiva a verificação de irregularidades, bem como se esforçar no sentido de solucionar quaisquer irregularidades constatadas. Na impossibilidade de assim proceder, esse profissional deve "anotar no livro de ocorrências de serviço e comunicar a quem de direito, para que sejam adotadas as providências pertinentes" (Brasil, 2013).

Todos os aspectos, assim, devem ser alvos de observação, como, por exemplo:

> *pessoas circulando internamente aparentando estarem perdidas e desorientadas, pessoas circulando após o término do expediente, reconhecimento das pessoas que circulam internamente pelo crachá, abordagem de pessoas com comportamento suspeito, fiscalização das instalações físicas em geral, observação de pontos vulneráveis no perímetro de segurança, observação de presença de veículos e pessoas em atitude suspeita pelas imediações etc.* (Brasil, 2013)

Para aumentar a eficiência da ronda, recomenda-se a utilização de um *checklist* – uma listagem de todos os itens que o vigilante deverá observar ao fazer a ronda, evitando que a fiscalização de algum ponto seja negligenciada.

Para o controle das rondas dos vigilantes, podem ser utilizados equipamentos como "relógio-vigia, bastão eletrônico, sensores de presença, terminais eletrônicos etc., tudo com o objetivo de mostrar à supervisão como transcorreu o serviço de rondas realizado pelo vigilante" (Brasil, 2013).

Entre os equipamentos que o vigilante poderá utilizar nas rondas, estão: armas de fogo (tratando-se de segurança armada), cassetetes, algemas, lanternas, rádio transceptor portátil, equipamento de controle de rondas e coletes à prova de balas.

Conforme a situação, é possível criar-se uma força de reação e fazer combinações entre postos fixos e móveis e entre rondas internas e periféricas. E sendo grande a distância a percorrer no momento da troca de postos, pode-se guarnecer a guarda de meio de deslocamento.

6.5.3 Instrução, treinamento e supervisão da equipe de segurança

Para que o vigilante desempenhe suas funções de acordo com as regras estabelecidas pela política de segurança privada adotada pela Polícia Federal, é preciso que a organização faça um investimento maciço em treinamento e capacitação profissional.

Apenas um profissional capacitado será capaz de agir conforme as expectativas do usuário final do serviço. Por isso, são de suma importância o treinamento permanente e a conscientização do próprio profissional no que diz respeito a seu dever de controle, fiscalização e promoção da ordem interna do estabelecimento vigiado.

A instrução para todo o pessoal da guarda deve ser ministrada no começo da atividade, devendo contemplar reciclagens periódicas, a fim de que eles retomem conceitos e atualizem conhecimentos.

Nesse sentido, cabe ao gestor de segurança encarregado da chefia da equipe conceber o procedimento operacional padrão, garantindo a sua atualização quando necessário – isto é, quando se recomendar a realização de mudanças e atualizações, após uma análise criteriosa do sistema de segurança.

A supervisão tem a finalidade de manter a equipe em alerta e bem apresentada.

Sob essa ótica, as primeiras atividades de instrução demandam o acompanhamento de pessoas experientes em segurança. Logo, segundo Dantas Filho (2004, p. 138-139), no programa de instrução devem constar:

» os direitos e os deveres do agente de segurança;
» as técnicas e os métodos que ajudam na identificação de falhas na segurança;
» a proposta para a confecção de um livro-registro de ocorrências (relatório), em que, quando possível, devem constar as

respostas para as perguntas *O quê?*, *Quem?*, *Quando?*, *Como?*, *Onde?* e *Por quê?*;
» a utilização dos meios de comunicações;
» táticas e técnicas de segurança individual, coletiva e patrimonial;
» instruções sobre armamentos e munições letais e não letais, com técnicas de emprego de armas e medidas de segurança;
» práticas individuais de tiro;
» técnicas de observação, memorização e descrição de fatos relevantes para registro imediato;
» técnicas de infiltração em áreas de segurança e de neutralização da guarda ou escolta;
» noções de primeiros socorros com utilização do material disponível;
» noções de combate a incêndios, com utilização do material existente e conhecimento de sua localização;
» a realização de testes de vulnerabilidade, valendo-se de casos hipotéticos, com equipe apta a desempenhá-los da forma mais realista possível;
» a troca da guarda.

Sobre esse último item, a recomendação é, sempre que possível, não observar uma rotina específica. Nesse sentido, o responsável pela tarefa deve estar autorizado a proceder as trocas em horas pares, ímpares ou fracionadas, além de reduzir, se desejar, o tempo de permanência dos guardas nos postos. A equipe de segurança somente poderá tirar serviço de guarda após a devida instrução.

Por fim, vale a pena reforçarmos que, para otimizar a atuação preventiva da equipe de segurança, é indispensável, conforme já observamos, a confecção de um plano de segurança que objetive padronizar os procedimentos, obedecendo-se as peculiaridades locais e as situações de normalidade e de anormalidade.

6.5.4 Gestão estratégica de pessoas

É ideal que o gerenciamento da equipe de segurança ocorra sob a perspectiva da gestão estratégica de pessoas, que se constitui em uma peça central para a viabilização da estratégia de qualquer organização, tanto em momentos de crescimento quanto de dificuldades.

Em cenários de crescimento, é fundamental garantir que a arregimentação de talentos esteja alinhada à necessidade de crescimento de posições críticas. Por sua vez, em cenários de dificuldade, torna-se essencial fazer a gestão do dimensionamento da força de trabalho para incrementar a produtividade, a fim de salvaguardar a longevidade organizacional.

Independentemente da estratégia, as grandes prioridades das empresas são cativar e manter talentos, administrar o conhecimento produzido, assegurar processos sucessórios estáveis e ter um ambiente de trabalho estimulante.

Por isso, a gestão estratégica de pessoas não deve se restringir à agenda do setor de recursos humanos, pois se trata de uma responsabilidade de todos os líderes da organização. No entanto, o papel do setor de recursos humanos (RH) é basilar para a determinação de políticas, processos e metodologias relacionados à gestão estratégica de talentos, consistindo em uma poderosa alavanca para a geração de fatores críticos de sucesso para o bom desempenho da empresa.

Portanto, um bom modelo de gestão estratégica de pessoas deve considerar profundamente o ciclo de vida dos funcionários na organização e compreender as políticas, os processos e as metodologias que vão de encontro às necessidades da empresa e dos colaboradores. Da mesma forma, deve dialogar de maneira consistente com as necessidades do negócio, assegurando que as práticas e políticas de recursos humanos funcionem a serviço da empresa.

Ainda, um modelo de gestão estratégica de pessoas eficaz pode ser aplicado tanto em nível local quanto global. Isto é, deve ter a escalabilidade requerida em grandes organizações e, simultaneamente, permitir uma flexibilidade e modo a ser adaptada a cada região ou unidade de negócio.

Dessa forma, a gestão estratégica de pessoas consiste em um pilar fundamental para o estabelecimento de uma cultura de alta *performance*, na qual os colaboradores da empresa são valorizados e reconhecidos e, por tal razão, desempenham suas funções no máximo de seu potencial, contribuindo de forma efetiva para a obtenção de melhores resultados para a empresa.

A implementação da gestão estratégica de pessoas pode ocorrer mediante diversos modelos e em várias dimensões, que podem englobar:

- » o desenho de uma estratégia de pessoal específica, de forma a alinhar "as decisões estratégicas e prioridades de recursos humanos às necessidades do negócio para cada estágio ou ciclo de vida do empregado na empresa" (Elogroup, 2018);
- » a arquitetura de estruturas integradas de indicadores estratégicos para apoio à tomada de decisão no que concerne aos colaboradores;
- » a otimização de processos associados à gestão de pessoas, como remuneração, benefícios, carreira e sucessão, planejamento da força de trabalho, orçamento de pessoal, treinamento e desenvolvimento etc.;
- » a criação de soluções metodológicas específicas, tais como "rotas de formação para cargos críticos, metodologias de carreira e sucessão" (Elogroup, 2018) etc.;
- » o mapeamento de competências e elaboração "de programas corporativos de educação, treinamento e desenvolvimento para universidades corporativas" (Elogroup, 2018);
- » a elaboração de soluções de gestão do conhecimento, "para garantir a identificação, capacidade de acesso e retenção de conhecimentos-chave" (Elogroup, 2018).

Síntese

Neste capítulo, tratamos especificamente do plano de segurança, a fim de compreender seus elementos essenciais, como: forma de elaboração, medidas previstas e forma de redação.

Demos especial ênfase ao plano de segurança das instalações empresarias. Observamos que, por ser o mais operacional, deve ser o mais completo possível, pois é aplicado a toda a empresa, tanto vertical quanto horizontalmente.

Por fim, também analisamos alguns elementos caracterizadores da contrainteligência, destacando sua importância e finalidade para o plano de segurança.

Questões para revisão

1) Qual é a função primordial do plano de segurança?
2) Quais são as principais medidas de segurança que um plano de segurança de instalações deve conter?
3) No que consiste a contrainteligência?
4) (FCC – 2012 – TRT-PE) Sobre a segurança patrimonial, de documentos e de processos, pode-se afirmar:
   a. São considerados locais não críticos à segurança de um Tribunal Federal as caixas d'agua e casa das máquinas, devendo ter o mínimo de segurança possível.
   b. Tempo resposta de atuação é o tempo que se leva para se chegar à autoridade policial no local, seja a polícia militar, polícia federal ou qualquer outro órgão público de segurança.

c. Os bens intangíveis não fazem parte da segurança de processos.
d. O uso da força é necessário e imediato sempre que as medidas preventivas falharem na segurança.
e. A segurança da informação é obtida a partir da implementação de um conjunto de controles adequados.

5) (FCC – 2012 – TRF) No que se refere à Segurança e Vigilância de documentos, processos e patrimônio, é correto afirmar:
   a. As barreiras que delimitam a área geográfica da instalação somente podem ser artificiais, através de muros, cercas e telas, não podendo ser naturais.
   b. Nas rondas pessoais, o objetivo único é a manutenção e verificação dos meios físicos de segurança, como câmeras de monitoramento, cancelas e guaritas.
   c. A atuação do agente na área de Segurança deve ser prioritariamente na forma repressiva.
   d. O controle de acesso físico deve ser sempre protegido, utilizando os meios adequados para cada local, e deve ser assegurado que entrem somente pessoas autorizadas.
   e. A espionagem visa principalmente abalar a ordem interna com a provocação de sinistros e danos, atingindo o bom andamento do serviço.

6) (FCC – 2012 – TRF) NÃO é considerada medida preventiva de segurança física o emprego, em uma edificação, de
   a. câmeras de circuito fechado de televisão dissimuladas.
   b. portas rotatórias com detectores de metais.
   c. muros com fossos alagados.
   d. catracas com senhas.
   e. animais de vigia, como cães bravos.

Questões para reflexão

1) O plano de segurança pode ser sempre caracterizado como um plano operacional? Por quê?
2) De que maneira a gestão estratégica de pessoas pode colaborar para o melhor desenvolvimento das atividades de segurança pela equipe?

Para saber mais

Aos leitores interessados em aprofundar os estudos sobre plano de segurança, departamentalização e organização da empresa, recomendamos as seguintes leituras:

DANTAS FILHO, D. **Segurança e planejamento**. Rio de Janeiro: Ciência Moderna, 2004.

SOARES, P. L. **Organização, planejamento e administração de segurança empresarial**. Disponível em: <http://calameo.download/0051175175af0d9077331>. Acesso em: 25 abr. 2018.

> *Sucesso é encontrar aquilo que se tenciona
> ser e depois fazer o que é necessário para isso.*
>
> (Epicteto)

A gestão de segurança empresarial implica uma série de procedimentos que visam definir, implementar e executar os planos de segurança específicos de uma determinada organização em como acompanhar essa execução.

Para isso, o gestor de segurança deve ter qualificação profissional adequada e uma série de capacidades e competências para o bom desenvolvimento de suas funções, tendo em vista a variada gama de nichos de atuação atualmente presentes no mercado de segurança.

Um bom gestor de segurança deve dominar os conceitos e as noções pertinentes ao pleno desenvolvimento das atividades compreendidas na chamada *gestão de segurança empresarial*. Tais atividades, como apresentamos ao longo desta obra, são: a organização de um departamento de segurança; o gerenciamento e controle de riscos; a formulação de um planejamento estratégico; a elaboração de planos de segurança; a implementação bem-sucedida de sistemas de segurança atuais e eficazes; a gestão estratégica da equipe

para concluir...

de segurança. Todos esses aspectos, reforçamos, devem passar por aprimoramento e atualização constantes.

Após todo o conteúdo que apresentamos, encerramos esta obra com a sensação de dever cumprido. No entanto, não podemos deixar de recomendar a você que se aprofunde no estudo das matérias aqui abordadas e que consulte as referências especializadas que indicamos ao longo do livro.

ANDRADE, F. *Segurança*: do planejamento à execução. São Paulo: Cipa, 2004.

ANDRADE, R. O. B. de; AMBONI, N. *Estratégias de gestão*: processos e funções do administrador. Rio de Janeiro: Elsevier, 2010.

AURÉLIO, M. *Dicas e macetes do gestor de segurança*. São Paulo: Sicurezza, 2010.

BALLESTERO-ALVAREZ, M. E. *Manual de organização, sistemas e métodos*: abordagem teórica e prática da engenharia da informação. 3. ed. São Paulo: Atlas, 2006.

BAZOTE, M. *Gestão e gestores de segurança*. 14 mar. 2012. Disponível em: <http://senhoraseguranca.com.br/gestao-e-gestores-de-seguranca>. Acesso em: 26 abr. 2018.

BRASIL. Constituição (1988). *Diário Oficial da União*, Brasília, DF, 5 out. 1988. Disponível em: <http://www.planalto.gov.br/ccivil_03/constituicao/constituicaocompilado.htm>. Acesso em: 26 abr. 2018.

_____. Lei n. 7.102, de 20 de junho de 1983. *Diário Oficial da União*, Poder Legislativo, Brasília, DF, 21 jun. 1983. Disponível em: <http://www.planalto.gov.br/ccivil_03/leis/l7102.htm>. Acesso em: 26 abr. 2018.

_____. Lei n. 9.296, de 24 de julho de 1996. *Diário Oficial da União*, Poder Legislativo, Brasília, DF, 25 jul. 1996. Disponível em: <http://www.planalto.gov.br/ccivil_03/leis/L9296.htm>. Acesso em: 26 abr. 2018.

BRASIL. Ministério da Justiça. Departamento de Polícia Federal. Portaria n. 387/2006-DG/DPF, de 28 de agosto de 2006. *Diário Oficial da União*, 1 set. 2006. Disponível em: <https://www.mariz.eti.br/Portaria_387_06.htm>. Acesso em: 26 abr. 2018.

_____. Portaria n. 3.233/2012-DG/DPF, de 10 de dezembro de 2012. *Diário Oficial da União*, 13 dez. 2012. Disponível em: <http://www.pf.gov.br/servicos-pf/seguranca-privada/legislacao-normas-e-orientacoes/portarias/portaria-3233-2012-2.pdf/@@download/file/PORTARIA%203233-2012(2).pdf>. Acesso em: 26 abr. 2018.

BRASIL. Ministério do Desenvolvimento, Indústria e Comércio Exterior. INPI – Instituto Nacional da Propriedade Industrial. *Resolução n. 115, de 25 de outubro de 2013*. Disponível em: <http://www.inpi.gov.br/legislacao-arquivo/docs/resolucao-115-13-controle-de-acesso-ed-a-noite.pdf>. Acesso em: 26 abr. 2018.

BRASIL. Ministério do Trabalho e Emprego. *CBO – Classificação Brasileira de Ocupações*. Disponível em: <http://www.mtecbo.gov.br/cbosite/pages/saibaMais.jsf>. Acesso em: 26 abr. 2018.

_____. *Classificação Brasileira de Ocupações (CBO)*: códigos, títulos e descrições. 3. ed. Brasília, 2010a. v. 1. Disponível em: <https://wp.ufpel.edu.br/observatoriosocial/files/2014/09/CBO-Livro-1.pdf>. Acesso em: 26 abr. 2018.

_____. *Classificação Brasileira de Ocupações (CBO)*: estrutura, tábua de conversão e índice de títulos. 3. ed. Brasília, 2010b. v. 3. Disponível em: <http://www.mtecbo.gov.br/cbosite/pages/download?tipoDownload=3>. Acesso em: 26 abr. 2018.

BRASILIANO, A. C. R. *Planejamento da segurança empresarial*: metodologia e implantação. São Paulo: Sicurezza/Companhia das Artes, 1999.

_____. *Segurança empresarial*. 4 mar. 2015. Disponível em: <http://gestorsegurancaempresarial.blogspot.com.br/2015/03/seguranca-empresarial.html>. Acesso em: 26 abr. 2018.

CHIAVENATO, I. *Introdução à teoria geral da administração*: uma visão abrangente da moderna administração das organizações. 7. ed. rev. e atual. Rio de Janeiro: Elsevier, 2003.

COELHO, F. da C. *Gestão e modelos legais de segurança privada*: um estudo em empresas orgânicas e especializadas. 108 f. Dissertação (Mestrado em Administração) – Universidade Fumec, Belo Horizonte, 2011. Disponível em: <http://www.fumec.br/revistas/pdma/article/download/4534/2323>. Acesso em: 26 abr. 2018.

COUTO, J. A. C. O gabinete de segurança institucional e o gerenciamento de crises. In: CONGRESO INTERNACIONAL DEL CLAD SOBRE LA REFORMA DEL ESTADO Y DE LA ADMINISTRACIÓN PÚBLICA, 8., 2003, Panamá. Disponível em: <http://unpan1.un.org/intradoc/groups/public/documents/CLAD/clad0047338.pdf>. Acesso em: 26 abr. 2018.

DANTAS FILHO, D. *Segurança e planejamento*. Rio de Janeiro: Ciência Moderna, 2004.

ELOGROUP. *Gestão estratégica de pessoas*. Disponível em: <http://elogroup.com.br/inovacao/organizacao-e-pessoas/gestao-estrategica-de-pessoas>. Acesso em: 26 abr. 2018.

FARIA, C. *A importância da padronização na segurança empresarial*. Disponível em: <http://www.intelligencia.net.br/artigos/1/a-importancia-da-padronizacao-na-seguranca-empresarial>. Acesso em: 26 abr. 2018.

FAYOL, H. *Administração industrial e geral*. 10. ed. São Paulo: Atlas, 2007.

FBCP – Fundação Brasileira de Ciências Policiais (Ed.). *Como contratar segurança privada legal e qualificada*: orientações. 2017. Disponível em: <http://www.fenavist.org.br/static/media/CartilhaFenavistDIGITAL.pdf>. Acesso em: 26 abr. 2018.

FENAVIST – Federação Nacional das Empresas de Segurança e Transporte de Valores. *III ESSEG – Estudo do Setor da Segurança Privada*. 2013. Disponível em: <http://www.fenavist.com.br/static/media/essegs/III_ESSEG.pdf>. Acesso em: 26 abr. 2018.

_____. *V ESSEG – Estudo do Setor da Segurança Privada*. 2017. Disponível em: <http://www.fenavist.org.br/static/media/essegs/ESSEG_V.pdf>. Acesso em: 26 abr. 2018.

FORTES, L. *O serviço ilegal da segurança e o papel do gestor de riscos*. 18 jun. 2014. Disponível em: <http://www.prevenirperdas.com.br/meus-artigos/item/321-o-servico-ilegal-da-seguranca-e-o-papel-do-gestor-de-riscos.html>. Acesso em: 27 abr. 2018.

GUEDES, A. C. *Perfil do gestor em segurança*: um guia para recrutadores e candidatos. 2017. Disponível em: <http://www.de-seguranca.com.br/perfil-do-gestor-em-seguranca-um-guia-para-recrutadores-e-candidatos>. Acesso em: 27 abr. 2018.

LIMA, S. A. *Características da consultoria em segurança*. 5 nov. 2011. Disponível em: <http://gestorsegurancaempresarial.blogspot.com.br/2011/11/caracteristicas-da-consultoria-em.html>. Acesso em: 27 abr. 2018.

_____. *Consultoria em segurança*. 29 ago. 2016a. Disponível em: <http://gestorsegurancaempresarial.blogspot.com.br/2016/08/consultoria-em-seguranca.html>. Acesso em: 27 abr. 2018.

_____. *Evolução da consultoria em segurança*. 22 ago. 2014. Disponível em: <http://gestorsegurancaempresarial.blogspot.com.br/2014/08/evolucao-da-consultoria-em-seguranca.html>. Acesso em: 27 abr. 2018.

_____. *Fases da consultoria*. 29 ago. 2016b. Disponível em: <http://gestorsegurancaempresarial.blogspot.com.br/2016/08/fases-da-consultoria.html>. Acesso em: 27 abr. 2018.

_____. *Quem é o gestor de segurança*: dicas e orientações para o gestor de segurança empresarial ter sucesso. Disponível em: <http://gestorsegurancaempresarial.blogspot.com.br/p/dicas-para-o-gestor.html>. Acesso em: 27 abr. 2018.

MARCONDES, J. S. *Conceito de segurança orgânica ou serviço orgânico de segurança*. 26 maio 2016. Disponível em: <http://www.gestaodesegurancaprivada.com.br/conceito-de-seguranca-organica/>. Acesso em: 27 abr. 2018.

_____. *Gestor de segurança privada*: conceitos, características e atribuições. 17 nov. 2015. Disponível em: <http://www.gestaodesegurancaprivada.com.br/gestor-de-seguranca-privada>. Acesso em: 27 abr. 2018.

MARCONDES, J. S. *Organização da segurança patrimonial*: organograma e atividades. 23 fev. 2017. Disponível em: <https://www.gestaodesegurancaprivada.com.br/organizacao-da-seguranca-patrimonial>. Acesso em: 27 abr. 2018.

MARIZ, E. *O que é GESP? Como funciona.* Disponível em: <http://www.segurancaorganica.com.br/Que_e.htm>. Acesso em: 27 abr. 2018a.

_____. *O que é segurança orgânica?* Disponível em: <http://www.segurancaorganica.com.br/Que_e.htm>. Acesso em: 27 abr. 2018b.

MAXIMIANO, A. C. A. *Introdução à administração.* 3. ed. São Paulo: Atlas, 1992.

MÉDICE, R. *O papel do Security Officer (agente de segurança).* 15 jul. 2013. Disponível em: <https://www.profissionaisti.com.br/2013/07/o-papel-do-security-officer-agente-de-seguranca/>. Acesso em: 27 abr. 2018.

MEIRELES, N. R *Liderança do gestor de segurança*: visão estratégica dos processos de segurança. São Paulo: Sicurezza, 2012.

_____. *Gestão estratégica do sistema de seguranç a*: conceitos, teorias, processos e prática. São Paulo: Sicurezza, 2011.

NUNES, N. *Consultor/gestor de segurança*: tenha sempre o seu. 22 mar. 2011. Disponível em: <http://www.webartigos.com/artigos/consultor-gestor-de-seguranca-tenha-sempre-o-seu/61879/>. Acesso em: 27 abr. 2018.

OBJETIVIDADE. In: *Dicionário Brasileiro da Língua Portuguesa Michaelis.* Disponível em: <http://michaelis.uol.com.br/moderno-portugues/busca/portugues-brasileiro/objetividade>. Acesso em: 27 abr. 2018.

OLIVEIRA, D. de P. R. de. *Sistemas, organização e métodos*: uma abordagem gerencial. 15. ed. São Paulo: Atlas, 2005.

OLIVEIRA, N. V. (Org.). *Insegurança pública*: reflexões sobre a criminalidade e a violência urbana. São Paulo: Nova Alexandria, 2002.

O QUE APRENDER com famosos casos de falhas na segurança da informação empresarial? Disponível em: <http://www.vert.com.br/blog-vert/o-que-aprender-com-famosos-casos-de-falhas-na-seguranca-da-informacao-empresarial>. Acesso em: 27 abr. 2018.

OTA, E. T. *Os desafios para o uso do planejamento estratégico nas organizações públicas*: uma visão de especialistas. 112 f. Dissertação (Mestrado em Administração Pública) – Fundação Getulio Vargas, Rio de Janeiro, 2014. Disponível em: <http://bibliotecadigital.fgv.br/dspace/handle/10438/11825>. Acesso em: 27 abr. 2018.

PAULI, A. de. *Consultoria em segurança empresarial*. 15 out. 2011. Disponível em: <http://gestorsegurancaempresarial.blogspot.com.br/2011/10/consultoria-em-seguranca-empresarial.html>. Acesso em: 27 abr. 2018.

PORTELLA, P. R. A. *Gestão de segurança*: história, prevenção e sistemas de proteção. Rio de Janeiro: Rio, 2005.

ROCHA, V. *Como desenvolver e implementar um programa de segurança empresarial*: o caso da Fundação Getulio Vargas. 145 f. Dissertação (Mestrado em Administração Pública) – Fundação Getulio Vargas, Rio de Janeiro, 2001. Disponível em: <http://bibliotecadigital.fgv.br/dspace/handle/10438/3309>. Acesso em: 27 abr. 2018.

RODRIGUES, S. B.; CUNHA, M. P. (Org.). *Estudos organizacionais*: novas perspectivas na administração de empresas – uma coletânea luso-brasileira. São Paulo: Iglu, 2000.

SÊMOLA, M. *Qual o papel do gestor de segurança?* jun. 2003. Disponível em: <http://www.semola.com.br/disco/Coluna_IDGNow_48.pdf>. Acesso em: 27 abr. 2018.

SILVA, D. F. *O papel do gestor de segurança*. Disponível em: <http://www.prevenirperdas.com.br/index.php/component/k2/item/339-o-papel-do-gestor-de-seguranca>. Acesso em: 27 abr. 2018.

SILVA, E. D. da. *O que faz um consultor em segurança empresarial?* 22 abr. 2014. Disponível em: <http://www.administradores.com.br/artigos/negocios/o-que-faz-um-consultor-em-seguranca-empresarial/76922/>. Acesso em: 27 abr. 2018.

SILVA, T. C. S. *Análise da segurança privada*: gestão 2012. 27 fev. 2013. Disponível em: <http://www.transportabrasil.com.br/2013/02/analise-da-seguranca-privada-gestao-2012/>. Acesso em: 27 abr. 2018.

SILVA, T. C. S. *Competências do gestor de segurança*. 2 nov. 2009. Disponível em: <http://www.administradores.com.br/artigos/marketing/competencias-do-gestor-de-seguranca/35285/>. Acesso em: 27 abr. 2018.

_____. *Indicadores na segurança*. 17 nov. 2010. Disponível em: <http://http://www.transportabrasil.com.br/2010/11/indicadores-na-seguranca>. Acesso em: 27 abr. 2018.

SMANIOTTO, M. Clandestinidade. In: FENAVIST – Federação Nacional das Empresas de Segurança e Transporte de Valores. *V ESSEG – Estudo do Setor da Segurança Privada*. 2017. p. 78-80. Disponível em: <http://www.fenavist.org.br/static/media/essegs/ESSEG_V.pdf>. Acesso em: 27 abr. 2018.

SOARES, P. L. *Organização, planejamento e administração de segurança empresarial*. Disponível em: <http://pt.calameo.com/read/0051175175af0d9077331>. Acesso em: 27 abr. 2018.

SOUSA, C. O. O estatuto da segurança privada: evolução histórica e situação atual. In: FENAVIST – Federação Nacional das Empresas de Segurança e Transporte de Valores. *V ESSEG – Estudo do Setor da Segurança Privada*. 2017. p. 70-75. Disponível em: <http://www.fenavist.org.br/static/media/essegs/ESSEG_V.pdf>. Acesso em: 27 abr. 2018.

SOUZA, I. de O. e. Gestão estratégica da segurança. In: ABSEG – Associação Brasileira de Profissionais de Segurança. *Coletânea ABSEG de Segurança Empresarial*. 2009. p. 31-44. v. 1. Disponível em: <http://www.abseg.org.br/wp-content/uploads/2014/12/coletanea-abseg.pdf>. Acesso em: 27 abr. 2018.

ZANETIC, A. *A questão da segurança privada*: estudo do marco regulatório dos serviços particulares de segurança. 118 f. Dissertação (Mestrado em Ciência Política) – Universidade de São Paulo, São Paulo, 2005. Disponível em: <http://www.teses.usp.br/teses/disponiveis/8/8131/tde-14062007-154033/publico/dissertacao.pdf>. Acesso em: 27 abr. 2018.

_____. Segurança privada: características do setor e impacto sobre o policiamento. *Revista Brasileira de Segurança Pública*, ano 3, n. 4. p. 134-151, mar./abr. 2009. Disponível em: <http://www.pm.al.gov.br/intra/downloads/bc_policial/pol_04.pdf>. Acesso em: 16 abr. 2018.

CONFIDENCIAL

Empresa Ltda.
Gerência de Segurança
Plano de segurança das instalações (simplificado)
DOCUMENTO n. 025/2018
DATA: 20 de setembro de 2018
ASSUNTO: Plano de segurança das instalações (simplificado)
ORIGEM: Gerência de segurança
DIFUSÃO: Direção-Geral
ANEXOS: A. Plantas de localização e de enquadramento, fotos e croquis; B. Sinalização de segurança; C. Entidades a contatar em situação de emergência; D. Instruções gerais de segurança.

A.1 Caracterização da empresa

» **Descrição**: Empresa X Ltda., fabricante de embalagens sustentáveis.
» **Localização geográfica**: Rua Xxxxxxxx, no bairro Xxxxxxxx, na cidade de Xxxxxxxx, confinando a oeste com as instalações da empresa Xxxxxxxx, a norte com um terreno baldio, a leste e a sul com áreas residenciais de comunidades carentes, sendo servida em termos viários, respectivamente pelas ruas Xxxxxxxx, Xxxxxxxx e Av. (ver as Plantas de localização e de enquadramento no Anexo A). As vias de acesso disponíveis para veículos são as referidas vias públicas. As fachadas da edificação são diretamente acessíveis por dessas vias públicas.

CONFIDENCIAL

- » **Descrição das instalações**: A construção da edificação data de 1999, ocupando o edifício e os espaços envolventes uma área de aproximadamente 5.000 (cinco mil) metros quadrados. A edificação principal tem 3 (três) andares e um subsolo. O subsolo não tem divisórias, além de uma pequena sala de descanso e instalações sanitárias; é o local onde se encontram a linha de produção e todo o maquinário da empresa. No térreo, há a recepção, o refeitório, instalações sanitárias e uma sala de reuniões. No primeiro andar, localizam-se dez salas de escritórios e uma grande sala de reuniões. No segundo andar, encontram-se os laboratórios de pesquisa, biblioteca e instalações sanitárias. No terceiro andar, localizam-se o arquivo – físico e digital (servidores), o cofre, o setor de tecnologia da informação, o departamento de segurança e instalações sanitárias. Há, também, um amplo estacionamento descoberto, com guarita de recepção e vigilância adequadamente sinalizadas. Há apenas uma entrada e saída de veículos e pedestres. As instalações se encontram em terreno elevado em relação ao seu entorno, sendo cercadas por muros de 2,5 m de altura, guarnecidos de cercas elétricas e concertina. A iluminação pública dos arredores tem sido precarizada nos últimos 12 meses, mas a iluminação das instalações empresariais tem sido regularmente submetida a manutenções.
- » **Aspectos humanos**: A empresa possui em seu quadro funcional o total de 500 colaborares e funciona, em regime normal, seis dias por semana, de 2^a a 6ª feira, com horário de ocupação das 07h00 às 20h00, e sábado, com horário de ocupação das 07h00 às 13h00, período em que permanecem

CONFIDENCIAL

dois vigilantes na guarita da entrada e mais um na portaria/recepção.

A.2 Caracterização do risco

Conforme apontou o Relatório de Gerenciamento e Controle de Riscos n. XX/2017, os riscos a considerar neste plano de segurança são:

a. O risco ao patrimônio físico da empresa, especialmente pela alta incidência de assaltos e furtos na região, fomentada não apenas pela precariedade da situação socioeconômica das comunidades no entorno da empresa, mas também pelo elevado grau de envolvimento de tais comunidades com entorpecentes. As áreas mais vulneráveis são o estacionamento e o andar térreo, em que o acesso não é tão restrito, há bens de interesse portáteis e é mais fácil para o criminoso evadir-se do local do delito. O terreno baldio ao lado da empresa também favorece esse tipo de ação.

b. O risco de acidentes como incêndios ou explosões concentra-se, especialmente, no segundo andar, em virtude da localização do laboratório em andar intermediário, e no subsolo, por ser onde se encontra a linha de produção. Os locais em que um incêndio apresenta maior probabilidade de ocorrência e possibilidade de propagação (pontos perigosos) encontram-se indicados no Anexo B.

c. O risco ao patrimônio intangível se verifica pelo alto interesse econômico advindo da tecnologia que vem sendo desenvolvida para a criação de um novo material com alto grau de

CONFIDENCIAL

CONFIDENCIAL

biodegradação e baixo custo de produção a ser utilizado em uma gama muito variada de embalagens.

A.3 Organização da segurança

A.3.1 Funções gerais

A segurança da empresa é assegurada por um grupo permanente de missão constituído sob a forma de departamento de segurança, que se encontra a sob autoridade do diretor-geral da empresa, e chefiada imediatamente pelo gestor de segurança, tendo a estrutura e a organização que se descreve a seguir.

É importante ressaltar que as questões da segurança não são apenas atribuições dos elementos recém-mencionados, mas concernem a todos os colaboradores, clientes, fornecedores, visitantes e especialmente à parcela do quadro funcional que lida diretamente com o público externo.

O serviço de segurança dividirá as suas funções em dois grandes grupos: rotina e emergência, e será adaptado aos regimes de funcionamento da empresa.

A.3.2 Gestor de segurança

Compete ao gestor de segurança a coordenação das atividades de segurança empresarial em geral. É o responsável pela elaboração de planos e políticas de segurança e suas respectivas análises de riscos, bem como pela adoção de medidas preventivas e corretivas para proteger vidas, patrimônio e restaurar as atividades normais da

CONFIDENCIAL

empresa. É quem administra a equipe de segurança e está à frente dos serviços de inteligência e contrainteligência.

No presente plano, o gestor de segurança atua na identificação de condições, situações ou pessoas que consistam em potenciais criadores de ameaças, além de viabilizar a construção de barreiras tendentes a inibir e prevenir incidentes de segurança, tais quais a disseminação de instruções e cultura de segurança, a implementação de metodologias e políticas, o estabelecimento de especificações de ferramentas e equipamentos de segurança e a análise de riscos.

A.3.3 Composição da equipe de segurança

» Vinte vigilantes, que alternam entre postos fixos (sentinelas) e móveis (rondas), obedecendo à escala de serviço previamente estabelecida.
» Três vigilantes, que atuam especificamente no controle da central de segurança.

A.3.4 Equipamentos e sistemas de segurança

» barreiras de proteção perimetral: muros, grades, cercas elétricas, concertinas;
» cães de guarda;
» vigilância: postos fixos e móveis, com escalas contínuas, 24 horas por dia;
» claviculário central;
» monitoramento eletrônico de todas as áreas e dependências da empresa, através de alarmes, sensores e circuito fechado de TV;

CONFIDENCIAL

CONFIDENCIAL

- » painel de controle das tubulações de água, ar-condicionado, centrais de energia elétrica e elevadores;
- » controle do som ambiente, com canal exclusivo de penetração para avisos sobre incêndios, emergências e situações de crimes ou violências;
- » central de alarmes de furtos, assaltos, incêndios e outras emergências;
- » central de radiocomunicação envolvendo o pessoal de segurança e todas as áreas da empresa;
- » linhas exclusivas e independentes de telefone da gerência de segurança;
- » identificação e controle de acesso de pessoas e veículos: guarita na portaria de entrada, recepção, fechadura com abertura biométrica nas áreas de acesso restrito;
- » *softwares* de *firewall* e antivírus periodicamente atualizados pelo responsável da TI (tecnologia da informação);
- » armazenamento de informações sensíveis e segredos industriais por meio de arquivos protegidos e criptografados;
- » equipamento de prevenção e combate a incêndios presente em todos os andares, inclusive contando com funcionários brigadistas, devidamente reforçados nos andares de maior vulnerabilidade.

Assinatura

_____

Nome do responsável e número do documento de identificação
Carimbo

CONFIDENCIAL

anexo 1 – Exemplo de *checklist* para a elaboração de um diagnóstico de segurança

1) Existem construções, áreas desocupadas e acidentes geográficos que circundam a empresa e que podem oferecer riscos à proteção de suas instalações?

   ( ) sim ( ) não

2) Que tipos de delitos sociais predominam na região em que está sediada a empresa?

   _____
   _____
   _____

3) Existe alguma organização, localizada nas proximidades da empresa, que ameace a sua segurança? Caracterize-a.

   _____
   _____
   _____

4) Se a empresa está instalada em uma construção do tipo prédio, todos os andares estão sob o seu controle?

   ( ) sim ( ) não

5) Existem acessos a áreas restritas da empresa que não estejam sob o seu inteiro controle?

   ( ) sim ( ) não

6) A empresa está localizada em áreas sujeitas a interferências eletromagnéticas?
( ) sim ( ) não

7) Tipos de barreiras que a empresa utiliza para sua proteção:
Físicas: ( ) sim ( ) não
Naturais: ( ) sim ( ) não
Animais: ( ) sim ( ) não
Eletrônicas: ( ) sim ( ) não
Humanas: ( ) sim ( ) não
As barreiras são integradas? ( ) sim ( ) não

8) As barreiras atendem à necessidade de segurança da empresa?
( ) sim ( ) não

9) A empresa está localizada em área de que tipo?
( ) intensamente povoada
( ) semiurbanizada
( ) rural

10) Existem atividades desenvolvidas dentro da empresa que sejam franqueadas ao público externo? Especifique-as.
( ) sim ( ) não

_____
_____
_____

11) Os acessos externos à empresa são controlados? Por quem?
( ) sim ( ) não

_____
_____

12) Os acessos à empresa, que são controlados pela guarda, possuem obstáculos dispostos de forma a canalizar o fluxo de entrada e proteger suas instalações?
( ) sim ( ) não

13) O fluxo de pessoas e/ou veículos que têm acesso à empresa é adequado em cada acesso?
 ( ) sim ( ) não

14) Qual o tempo necessário para que sejam guarnecidas todas as entradas, em situações de emergência?
 _____

15) Qual o tempo necessário para que sem abertas todas as saídas, em situações de emergência?
 _____

16) Existe uma guarda responsável pelo controle dos acessos à empresa?
 ( ) sim ( ) não

17) Existem diretrizes específicas para o controle dos acessos fora dos horários de expediente?
 ( ) sim ( ) não

18) A empresa utiliza algum método de identificação de pessoal? Descreva-o.
 ( ) sim ( ) não
 _____

19) Especifique os efetivos lotados na empresa:
 a. _____
 b. _____
 c. _____
 d. _____

20) A empresa identifica e controla os visitantes civis? Como?
 ( ) sim ( ) não
 _____

Fonte: Dantas Filho, 2004, p. 178-181.

A.1 Gerência de Segurança Patrimonial

A Gerência de Segurança Patrimonial é o departamento responsável pelo planejamento, administração e execução das atividades de segurança patrimonial na organização.

A Gerência de Segurança Patrimonial é composta por:
» Apoio Administrativo;
» Supervisão de Inteligência;
» Supervisão de Controle de Acesso.

A.2 Apoio Administrativo

Fornecer o suporte administrativo para o bom funcionamento das atividades da gerência de segurança patrimonial e suas supervisões.

Competências:
1. Administrar documentação da segurança patrimonial;
2. Administrar escala de serviço das equipes;
3. Controlar e apontar horas de trabalho das equipes;
4. Administrar escalas de férias;
5. Administrar validade da reciclagem obrigatória dos vigilantes;

6. Administrar revalidações do alvará anual de funcionamento da segurança junto à Polícia Federal;
7. Dar apoio logístico (uniformes, equipamentos, transporte, alimentação);
8. E demais necessidades administrativas.

A.3 Supervisão de Inteligência

Setor corresponsável pelas atividades de Inteligência/Contrainteligência e de Investigações Internas.

A.3.1 Atividade de Inteligência

Desenvolver atividades que tenham o objetivo de obter, analisar e disponibilizar informações sobre fatos e situações de imediata ou potencial influência sobre a segurança patrimonial da organização.
Competências:
1. Desenvolver ações para obter, analisar e disseminar informações que interfiram de forma positiva ou negativa na segurança patrimonial da organização.
2. Interagir com Órgãos de Inteligência das Forças Armadas, Forças Policiais, Agência Brasileira de Inteligência e empresas parceiras, com intuito de gerar conhecimento para ações preventivas de rotina.
3. Acompanhar o cenário nacional e internacional no tocante a ações terroristas, de fraudes, sequestros e criminalidade no geral, com intuito de propor ações preventivas e fornecer subsídios para planos de ações.
4. Realizar investigação social de candidatos e prestadores de serviço que desejem ou necessitem exercer atividades no interior da organização.

A.3.2 Atividades de Contrainteligência

Desenvolver atividades que visem opor barreiras a ações que possam comprometer a segurança patrimonial da organização.

Prevenir e colaborar para a neutralização de grupos ou indivíduos que atuam em benefício de objetivos adversos aos interesses da empresa.

Competências:

1. Realizar levantamento e análise de riscos.
2. Pesquisar e desenvolver sistemas e processos que visem à proteção da informação empresarial sensível.
3. Desenvolver e executar campanhas educativas de proteção a informação empresarial sensível.
4. Desenvolver plano de gerenciamento de crises.
5. Trabalhar em conjunto com a Tecnologia da Informação para desenvolvimento de programas de segurança da informação.
6. Executar varreduras em ambientes com objetivo de detectar aparelhos de espionagem.
7. Investigar denúncia ou indícios de comprometimento da informação empresarial sensível.
8. Acompanhar e apurar denúncia ou indícios de atos antissociais (furto, roubo, sabotagem e fraudes em geral).
9. Acompanhar, intermediar e dar suporte a investigações policiais.
10. Investigar indícios ou denúncias de desvio de comportamento de integrantes do quadro da Segurança Patrimonial.

A.4 Supervisão de Controle de Acesso

A Supervisão de Controle de Acesso é responsável pela administração do controlar o acesso físico de pessoas, veículos, materiais e objetos na empresa.

A Supervisão de Controle de Acesso é composta de:
» Serviço de Portaria;
» Serviço de Vigilância Patrimonial;
» Central de Monitoramento.

A.4.1 Serviço de Portaria

O Serviço de Portaria é responsável pelo controle de acesso de pessoas, veículos, materiais, equipamentos e informações nas portarias da empresa.

Competências:
1. Recepcionar, identificar, atender, verificar autorizações de acesso e registrar movimentações de funcionários, prestadores de serviço e visitantes.
2. Identificar, averiguar documentação e aprovações de trânsito, conferir e registrar a saída ou entrada de materiais, equipamentos, produtos, documentos e veículos.
3. Identificar, analisar e verificar aprovação para o recebimento ou envio de correspondências externas.
4. Receber, guardar e entregar volumes de funcionários ou prestadores de serviço.
5. Controlar guarda e uso de chaves de setores.
6. Operar o Sistema Eletrônico de Controle de Acesso.

A.4.2 Central de Monitoramento

Responsável pela operação e monitoramento dos sistemas de segurança eletrônica existentes na organização e coordenação da comunicação via rádio das equipes de segurança patrimonial da organização.

Competências:
1. Monitorar, interpretar e desencadear plano de ação no que se refere ao uso de câmeras de segurança na organização.
2. Monitorar, interpretar e desencadear plano de ação no que se refere ao uso de sistemas de alarme na organização.
3. Administrar e coordenar as comunicações via rádio realizadas pela equipe de segurança patrimonial.
4. Realizar contatos com os integrantes da RINEM (Rede Integrada de Emergência) local e com a Central da Polícia Militar responsável pelo policiamento na região.

A.4.3 Serviço de Vigilância Patrimonial

Atividade cujo emprego do agente de segurança é identificado pela farda, equipamentos utilizados e metodologia de emprego.

A vigilância patrimonial é responsável pela operação, presença e intervenção quando houver descumprimento de normas e procedimentos internos e situações de risco iminentes para a segurança patrimonial da organização.

Competências:
1. Ocupar postos de vigilância patrimonial.
2. Realizar rondas ostensivas internas e no perímetro de segurança da organização.
3. Atuar como "Força de Pronta Resposta" na averiguação "*in loco*" de ocorrências solicitadas pela Central de Monitoramento.
4. Garantir a "Ordem" em casos de manifestações.

5. Controlar, coordenar e fiscalizar o trânsito interno de pessoas e veículos.
6. Combate a incêndios e atendimentos de emergência.
7. Intervir em situações onde houver tentativas de crime contra o patrimônio.
8. Atuar de forma preventiva para garantir a integridade física das pessoas e a salvaguarda do patrimônio da organização.

Fonte: Marcondes, 2017.

Capítulo 1

Questões para revisão

1. Gerir um departamento de segurança ou atuar nas diversas áreas desse segmento é uma tarefa altamente complexa. Por isso, espera-se que o profissional domine diversas áreas do conhecimento e compreenda a conjuntura que envolve o processo de segurança na gestão de uma empresa, a fim de que seja "um agente multiplicador da cultura de prevenção e também um usuário dos conceitos e terminologias adotadas em normas técnicas e nas melhores práticas de gestão utilizadas pelo mercado em busca da sustentabilidade, preservação do meio ambiente e excelência" (Silva, 2009).

2. Qualquer uma das 12 citadas na Seção 1.2.3, tais como: liderança, visão estratégica e proatividade.

3. O consultor de segurança é o profissional que atua com base na inteligência empresarial para esquadrinhar os problemas de segurança desde a gênese. Além disso, ele pesquisa alternativas e oferece soluções específicas, com investimentos adequados aos riscos.

4. b
5. d
6. a

Capítulo 2

Questões para revisão

1. Segurança empresarial consiste no "conjunto de medidas,

capazes de gerar um estado, no qual os interesses vitais de uma empresa estejam livres de interferências e perturbações" (Brasiliano, 2015). Por estado de segurança, entende-se uma segurança permanente da qual a empresa possa desfrutar, ainda que, ocasional e eventualmente, enfrente situações temporárias de insegurança.

2. Os princípios básicos da gestão de segurança servem para orientar o seu planejamento.
3. A resposta desta atividade está relacionada aos itens expostos no Quadro 2.1, adaptado de Marcondes (2016).
4. b
5. e
6. d

Capítulo 3

Questões para revisão

1. Em virtude de suas características, o departamento de segurança de uma empresa melhor se adéqua ao critério de **departamentalização funcional**.
2. O organograma é importante para a organização do departamento de segurança empresarial orgânica porque a sua fácil visualização permite que sejam prontamente identificados os responsáveis por cada área ou setor, além de viabilizar um contato mais ágil e preciso quando há necessidade de considerar alguma questão específica. O organograma também é útil na ambientação de novos funcionários e no reconhecimento de problemas da estrutura da empresa, tais como a duplicidade de funções e o mau aproveitamento da força de trabalho dela advindo.

3. A central de segurança é um local organizado e dirigido pelo gestor de segurança e operado pela equipe sob sua supervisão, no qual devem estar centralizados todos os serviços de segurança.
4. d
5. c
6. e

Capítulo 4

Questões para revisão

1. **Risco** refere-se à oportunidade de ocorrer situações de perigo ou com resultados nocivos e cujo nível é expresso em

probabilidade e em gravidade.

Perigo: diz respeito a qualquer condição, real ou potencial, que possa causar danos à pessoa física ou jurídica ou ensejar o insucesso de uma missão.

Pontos sensíveis: são as áreas da empresa nas quais os perigos podem ser identificados.

2. Identificar e controlar perigos, a fim de proteger os pontos sensíveis da empresa e minimizar a possibilidade de que suas atividades sejam prejudicadas.

3. O gerenciamento e controle de riscos é um processo de identificação e controle de perigos que a empresa deve colocar em prática a fim de proteger todas as *áreas* ou *pontos sensíveis* e diminuir a possibilidade de que suas atividades sejam prejudicadas. Por sua vez, o gerenciamento de crises se faz necessário quando há a ocorrência de um evento excepcional e imprevisível que abale a normalidade dos trabalhos da empresa. Esse processo consiste em minimizar ou reduzir (quando não for possível eliminar completamente) os impactos acarretados pelas crises, a fim de que o prejuízo da empresa seja o menor possível.

4. d
5. c
6. c

Capítulo 5

Questões para revisão

1. O planejamento estratégico é uma ferramenta de gestão que auxilia uma tomada de decisão eficiente direcionada à formulação da estratégia empresarial, tanto para empresas públicas quanto para organizações privadas.

2. A metodologia do planejamento estratégico, de modo geral, consubstancia-se em: avaliação da conjuntura; determinação da política; definição da estratégia; orçamento de recursos; expedição de diretrizes.

3. A análise de conjunturas é importante porque com ela a empresa poderá emitir um diagnóstico preciso, sintético e realista da segurança da organização, o qual servirá de base para a elaboração de um plano

de segurança adequado às suas necessidades.
4. b
5. b
6. e

Capítulo 6

Questões para revisão

1. A função primordial do plano de segurança é prevenir e reduzir perdas patrimoniais e ações criminosas.

2. As principais medidas de segurança que um plano de segurança de instalações deve conter são: definição de postos de segurança; integração das vigilâncias dos arredores; controle de acesso do pessoal; controle das instalações; definição de normas de tráfego aéreo, caso haja necessidade; controle e revista do material recebido, incluindo alimentos e bebidas; controle das chaves e trocas de segredo, quando necessário; plano de prevenção e combate a incêndios; normas de coleta e incineração de detritos e lixo; plano de evacuação das pessoas das instalações, prevendo treinamento; normas de admissão e dispensa de funcionários; proteção de vidraças contra tiros; varredura mecânica e eletrônica das instalações.

3. A contrainteligência consiste em estabelecer ações voltadas à prevenção e neutralização das consequências de operações de inteligência, espionagem, sabotagem, furtos, roubos, propaganda e demais ações empreendidas por organizações ou opositores à empresa.

4. e
5. d
6. a

Silvia de L. Hilst Wolaniuk é bacharel em Direito pelas Faculdades Integradas Curitiba (2007), pós-graduada em Direito Público pelo Centro Universitário Autônomo do Brasil (Unibrasil) (2010) e mestre em Direito do Estado pela Universidade Federal do Paraná (UFPR) (2009). Trabalha como assessora jurídica no Ministério Público Federal, lotada na Procuradoria Regional Eleitoral do Estado do Paraná.

Silvio de Mattos Hilst é bacharel em Direito pela Pontifícia Universidade Católica do Paraná (PUCPR) (1988). Trabalhou como agente especial do Departamento de Polícia Federal (DPF). Possui ampla experiência na fiscalização de serviços de segurança privada.

Os papéis utilizados neste livro, certificados por instituições ambientais competentes, são recicláveis, provenientes de fontes renováveis e, portanto, um meio responsável e natural de informação e conhecimento.

FSC
www.fsc.org
MISTO
Papel produzido
a partir de
fontes responsáveis
FSC® C103535

Impressão: Reproset
Abril/2023